知的生きかた文庫

35歳からの美女の筋トレ

石井直方

JN282528

三笠書房

「美女の筋トレ」で、
こんなに"いいこと"が起こる!

- "太りにくい体"になる!
- 骨盤のゆがみも解消、
  下腹からみるみるやせる!
  美脚、美尻も手に入る!
- 免疫力が高まり、肌も髪もツヤツヤ、
  細胞から若返る!

……他にも「うれしいこと」がたくさん起こります。

はじめに

本気でやせたい人、もっとキレイになりたい人、若さを保ちたい人……
自宅でできる！「太りにくい美しい体」をつくる方法

「いままでダイエットをしたことがない」という人がいないくらい、世はダイエットブームです。

体重をただ落とすだけなら、やり方によっては簡単にできるでしょう。

しかし、極端な減食や過酷な運動で、一時的にやせたところで、すぐにリバウンドしてしまっては意味がありません。

また、体重はへったものの、肝心のおなかはポッコリ出たままでは、なんのためにダイエットしたのかわからなくなります。

ダイエットの本質は、単に体重を落とすことではなく、健康的に**「筋肉をつけて、その代わりに脂肪を落とす」**ということです。

本書で紹介する「大腰筋《だいようきん》エクササイズ」は、「大腰筋」という〝インナーマッスル〟を効率よく鍛え、代謝を高めて、**〝太りにくく、やせやすい体質〟に改善するダイエット**です。

なぜ、今までのダイエットでは、成功しなかったの？

私は、筋生理学《きんせいりがく》が専門の研究者です。また、学生時代からボディビルダーとして活動してきましたから、いかにして美しく肉体を鍛えるかということを科学的な見地で研究する立場にあります。

◆だれもがスタイルよくやせたいと願っているのに、どうしてうまくいかないのだろうか
◆アスリートではなく、一般の人たちがムリなく実行できて体型くずれを食い止めるエクササイズはないものか

そんな疑問から端を発して考案したのが**「大腰筋エクササイズ」**です。

✻おなかを内側から引き締め、スタイルよくキレイにやせられる!

このエクササイズを行なうと、女性は、ウエストに美しいくびれができ、バストやヒップは引き上げられます。

男性は、おなかが引き締まり、下半身は適度にたくましくなります。

男女問わず、理想的なスタイルを手にすることができるのです。

さらにうれしいことに、大腰筋エクササイズは、特に**〝スローな動き〟で行なうと、「成長ホルモン」の分泌を盛んにする効果**もあります。

成長ホルモンは体脂肪を分解するとともに、筋肉や骨、髪の毛、皮膚などの発達を促しますから、やせやすい体質になるばかりか、美肌効果も高まります。さらに、**免疫力を高めて新しい細胞が活性化されますから、全身の若返り効果も期待できる**というわけです。

ほかにも、体が軽くなって疲れにくくなったり、冷え症、腰痛、便秘など、**女性に多い不調もまとめて解消**できます。

＊いくつになっても、だれでも手軽に、楽しみながらできる！

やせるためにこれまで長期にわたって身についた生活習慣を変えることは、相当な覚悟と時間を要します。

その点、大腰筋エクササイズなら、効率よく最短距離で太りにくい体質に改善することができます。

大腰筋エクササイズは、太ももをしっかり上げて行なう〝足踏み〟が基本ですから、ふだん運動をしていない人や体力のない人でも手軽に行なえます。

だから、**やせたい人はもちろん、いま現在、大腰筋が弱っている人や高齢者でも、年齢や性別に関係なく実行できます。**

大腰筋を鍛え直すことに遅すぎるということはないのです。

また、思い立ったらその場ですぐできますし、たった3分程度でもじゅうぶんな効果が現われます。しかも毎日行なう必要はありません。

音楽を聴きながら、テレビを見ながら、家事をしながら、電話をしながら……、自分の続けやすいペースで生活に取り入れ、「太りにくい体」を手に入れましょう。

石井直方

4 1日1回、週3回でOK! >>>

1日おき程度でも、満足のいく効果が得られますし、毎日やってもまったく差し支えありません。仕事や家事で忙しく、まとまった時間がとれない人でも、思い立ったらその場ですぐできます。自分のペースで習慣化すれば、確実に効果が現われるエクササイズなのです。

5 どんな面倒くさがりやでも、ムリなく続けられる! 二度とダイエットに悩むことはない! >>>

効果がすぐに実感できれば、おのずとダイエットは長続きするものです。エクササイズを行なうモチベーションも高まり、意識しなくても生活の一部に取り入れられるようになるでしょう。

手間もかからず簡単で、大がかりな器具や広い場所も必要ありません。しかも、仕事の合間にオフィスでもできますし、寝る前の短時間でも実行できます。

厳しい食事制限もいらない、お金のかからないこのエクササイズなら、どんな面倒くさがりやさんでも無理なく続けられるでしょう。

だから、美しく健康なボディが手に入る!

1 効果は、すぐ! >>>

個人差はありますが、早い人なら2週間、遅い人でも2カ月ぐらいで効果が実感できるはず。

2 まずは、外見から。まるで別人に!? >>>

おなかがポッコリと出ている人、下半身太りに悩んでいる人は、ウエストにくびれが生まれ、キュッと引き締まってくるご自身の体型の変化に驚くことでしょう。

体重が落ちていく前に、外見がスラリとした印象に変わります!

3 気がつけば、体脂肪も体重も……。体重計にのるのが楽しくなる! >>>

さらに続けていくうちに、次第に基礎代謝(生命維持のために消費されるエネルギー)が上がって、体脂肪、体重がへってきます。

すべて、
本書で解決
できます!!

詳しくは、144ページからの
解説を参考
にしてください。

歩いているときよくつまずく

「やせたい!」「キレイになりたい!」……
他には、こんな人にもオススメです！

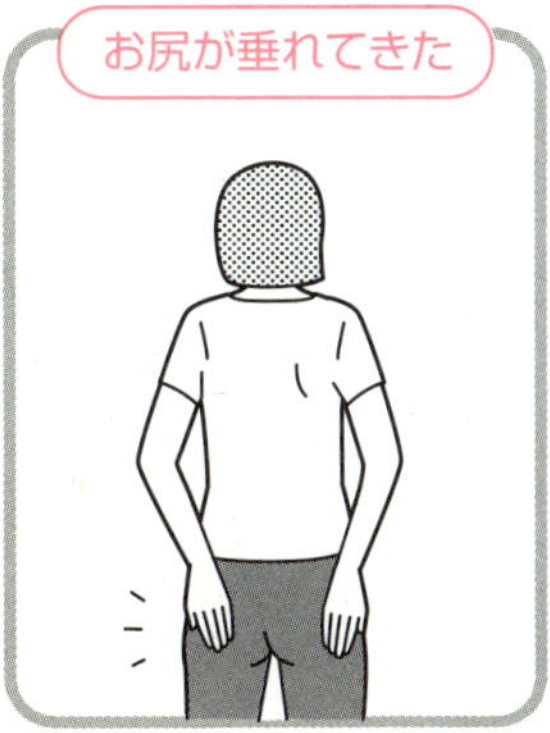
お尻が垂れてきた

猫背である

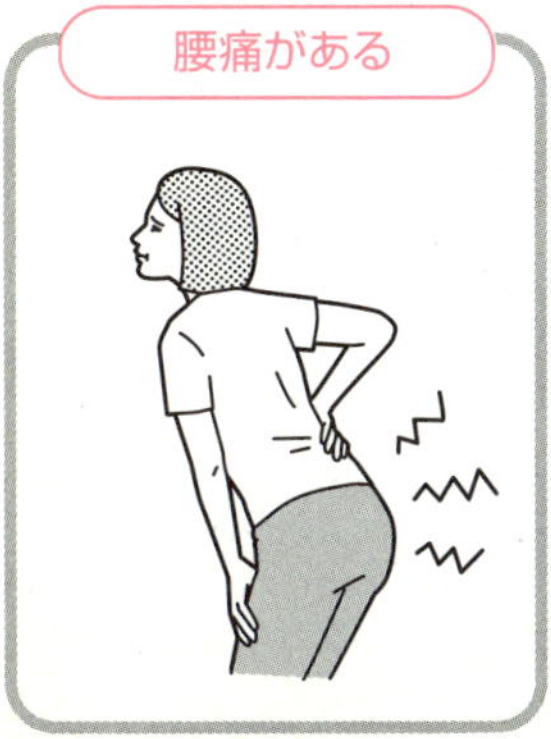
腰痛がある

歩く速度が遅くなった

もくじ

はじめに
本気でやせたい人、もっとキレイになりたい人、若さを保ちたい人……
自宅でできる！「太りにくい美しい体」をつくる方法 4

Part 1
なぜ、「大腰筋《だいようきん》エクササイズ」で下腹からみるみるやせられる？

太る原因は、〝筋肉の衰え〟にあった！ 20
おなかのたるみを〝内側から〟引き締める 22
35歳から体型がくずれる理由は？ 24
代謝をアップすれば、〝すぐ〟やせられる！ 26
猫背がなおり、ムリなく「美しい姿勢」がキープできる！ 28
見た目年齢に差がつく！ たるんだヒップラインにサヨナラ！ 30
〝めぐり〟をよくして、脂肪が燃えやすい体質になる！ 32

不思議！　冷え症、便秘……女性特有の悩みもスーッと消えていく！　34
20代、30代でも、70代でも！　いくつになっても、簡単に鍛えられる！　38

Part 2

〈実践編〉今日から体が変わる！脂肪がドンドン燃えていく！

〝正しい姿勢〟と〝自然な呼吸〟を意識する　42
《標準エクササイズ①──もも上げ足踏み》
効率よく大腰筋を強化する　46
《標準エクササイズ②──レッグレイズ》
おなかや腰周りがスッキリ。クビレ出現！　48
《ライトエクササイズ──あお向け足踏み》
体力に自信がなくてもOK！　52
《中級エクササイズ①──お尻歩き》
下半身全体を引き締める！　54

《中級エクササイズ②――スロースクワット》
若返りの秘薬〝成長ホルモン〟の分泌が活性化 56
《中級エクササイズ③――踏み台昇降》
「筋トレ＋有酸素運動」で効率的に脂肪を燃やす！ 58
《中級エクササイズ④――フォワードランジ》
時間がない日には、コレだけでOK！ 60
《AFTERストレッチ――ねじり歩き》
大腰筋を気持ちよく伸ばす 62
もっと美しく！ 健康になる！「姿勢・歩き方」 64
キレイ度10倍アップ！「美しい座り方」 68

Part 3

〈パーツ別エクササイズ編〉

もっとメリハリボディになる！

みるみるくびれる！「おなかやせエクササイズ」 74
たれ防止！ ハリのあるヒップになる「小尻エクササイズ」 82

体重↓《ダウン》胸のボリューム↑《アップ》！「バストアップエクササイズ」 88
すらりと足やせ！「美脚エクササイズ」 99

Part 4

〈ヒーリングストレッチ編〉疲れやこりをリフレッシュ！

血行をよくして疲れやこりを心地よくいやす 106

Part 5

〈Q&A〉なぜキレイになるの？ どうして一生太らないの？

Q 筋トレをやると〝ムキムキ〟になってしまいませんか？ 118
Q 大腰筋エクササイズは、どんな人におすすめですか？ 120
Q ダイエットに挑戦しては、リバウンド……どうすればいい？ 122

Q 同じ量を食べているのに私だけ、太ってしまう…… 124
Q 「太っている」「やせている」の基準は？ 126
Q 30代になってから、やせにくくなった……なぜ？ 130
Q 食事の量は減らさなくていいの？ 132
Q 良質な筋肉をつくるオススメ食品は？ 134
Q 「アミノ酸」の効果的な取り方を教えてください！ 136
Q オススメのサプリメントは？ 138

〈付録〉大腰筋〝衰え度〟セルフチェック！ 141

おわりに スタイルのよさは筋肉と骨で決まる 151

本文イラスト◎千野エー

Part 1

なぜ、「大腰筋《だいようきん》エクササイズ」で下腹からみるみるやせられる?

太る原因は、〝筋肉の衰え〟にあった！

大腰筋《だいようきん》はおなかの奥にあり、**背骨を支え、上半身と下半身をつなぐ大切な筋肉**です。太ももを上げて歩いたり、走ったり、階段を上がったりする動作に欠かせません。

大腰筋は、ふつう、30代後半になると衰えやすいとされてきましたが、正しい姿勢を意識することが少なくなった現代では、たとえ10代の若者でも中高年並みに衰えていることもめずらしくありません。

体重は軽いのに、おなかだけポッコリ出ているという人は、実は大腰筋がゆるゆるにゆるんでいるからかもしれません。

外からは見えませんが、大腰筋は、**おなかやせに重要な働きをするインナーマッスル**なのです。

あなたは大丈夫？
簡単！「大腰筋ゆるみ度チェック」

❇ではここで、あなたの今の状態をチェックしてみましょう!

まっすぐ立って、太ももを高く上げてその場で足踏みをしてみてください。

手は
できるだけ
大きく振って
ひざの角度は
90度に
1回あたり
1秒間くらい
かけるペースで

50回続けられた人 ➡ 大腰筋が発達していて、きちんとした運動機能を果たしているといえます。

50回続けられなかった人 ➡ 20〜30回ぐらいでギブアップした人は、大腰筋がかなり衰えている可能性があります。

おなかのたるみを〝内側から〟引き締める

大腰筋の最大の働きは、**「背骨と骨盤の位置を正しく保つこと」**です。

若いころはダイエットと無縁ですばらしいスタイルを誇っていた人も、30代後半にさしかかるころから、徐々に体型のくずれを感じるようになります。

いわゆる〝中年太り〟の兆候ですが、これは、体の老化によって筋肉量が少なくなり、きちんとした姿勢を保つことができなくなることが、主な原因です。

中年太りや体型くずれを食い止め、適切な脂肪の量を適切な位置で支えながら、しかも気になるおなか周りや腰周りをスッキリ引き締めてくれるカギとなるのが、大腰筋なのです。

背骨を支える筋肉「大腰筋」

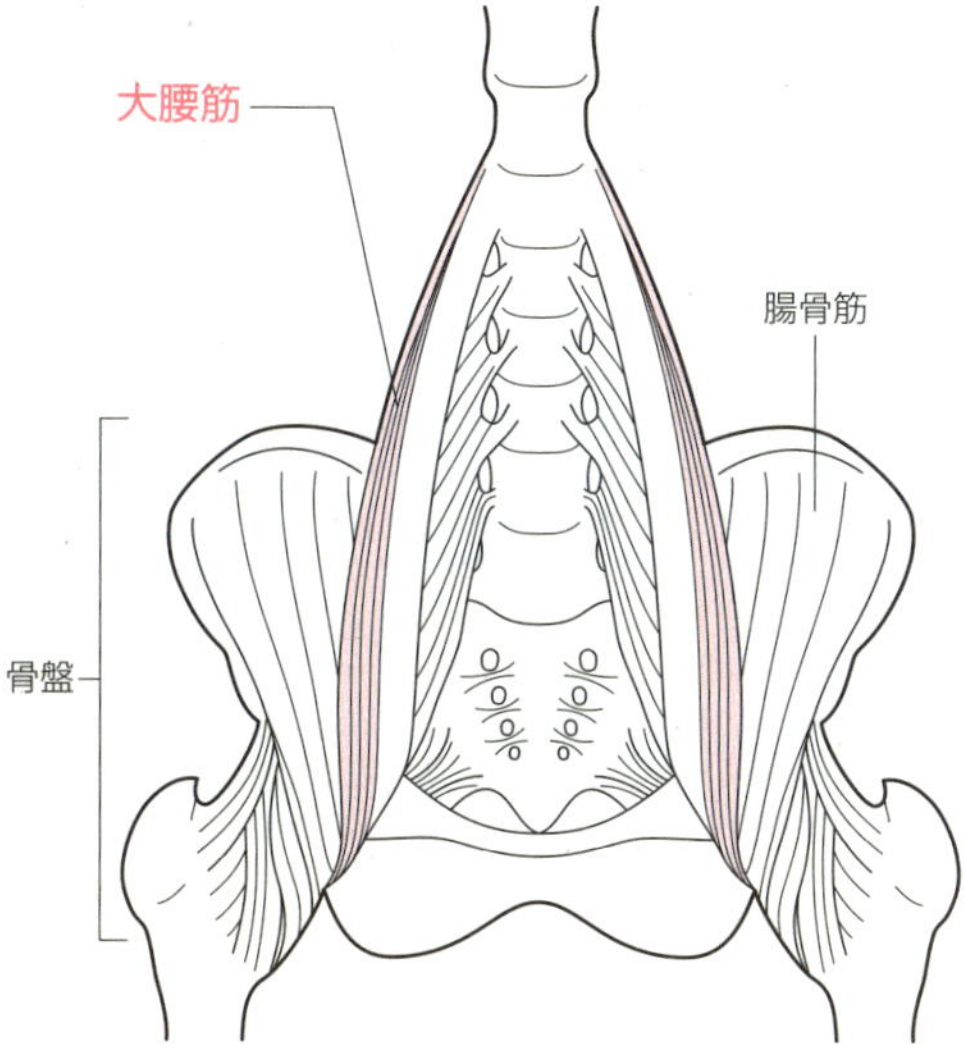

大腰筋は、背骨（腰椎《ようつい》）から脚のつけ根を結ぶ筋肉です。背骨、骨盤、大腿骨《だいたいこつ》と続く人体の中枢ラインは、大腰筋と腸骨筋《ちょうこつきん》によって支えられています。大腰筋と腸骨筋を合わせて腸腰筋《ちょうようきん》と呼ぶこともあります。ですから、脊柱《せきちゅう》に沿って走っている自律神経（内臓の働きを支配する神経）や脂肪細胞を分解する働きのある交感神経とも密接な関係のある、重要な筋肉なのです。

35歳から体型がくずれる理由は？

体型がくずれて下腹部に脂肪がたまりやすくなる中年太りは、35歳ぐらいからといわれています。

それまでは余分な脂肪は自然に燃焼できていたのが、30代半ばぐらいにさしかかってホルモンの分泌量がへり、代謝（エネルギーを消費したり、新しく物質を合成したりすること）が低下することで起こる現象です。

さらに年齢を重ねるにつれて筋肉が退化すると、脂肪を燃焼させる機能がますます衰えてくるのです。

もともと下腹部は筋肉の量が少なく、脂肪がたまる余地があるうえ、体の中であまり動かない部分ですから、加齢と運動不足で筋肉の収縮力が弱まるとその影響を直接受けやすくなります。脂肪がたまるのに最適な隙間が生じてくるのです。

また、とくに女性の場合、皮膚の内側に皮下脂肪として蓄積されることが多く、男性は腹腔内部に内臓脂肪として蓄積されることが多くなっています。

このように、加齢によって体型が変化していくのは人体の自然な摂理ですが、実は、個人差も大きいものです。

同じような年齢、ライフスタイルの人でも、50歳を過ぎても美しいプロポーションを保っている人もいますし、20代で下腹部が出てきてしまう人もみられます。こうした違いを生み出しているのが、大腰筋といえます。

ちなみに、20代の男性の大腰筋の平均的な直径は5～6センチメートル、断面積は30平方センチメートルぐらいとされています。

これが、60歳になると直径3～4センチメートル、断面積で20平方センチメートルくらいにまで細くなってしまいます。

代謝をアップすれば、〝すぐ〟やせられる!

どうも世間では、「体脂肪率が低い＝理想的な体型」と考えられ、体脂肪を落とすことが最優先課題だと思い込んでいる人が多いようです。
しかし、脂肪も本来、体に必要不可欠なものであるからこそ蓄積されるのであって、まったくムダなものではないのです。

性別にかかわらず、理想的な美しいスタイルは、「骨格」と「筋肉」によって保たれています。筋肉をつけずに脂肪だけ落としても、むしろ筋肉が萎縮《いしゅく》している部分には、より脂肪がつきやすくなりますから、きりがありません。

「筋肉をつけてその代わりに脂肪を落とす」ことによってはじめて、理想的な体型に近づけるといえます。

腹筋運動は、ツライだけで、効果がない!?

よく、〝ポッコリおなか〟を引き締めようと腹筋運動をはじめる人がいますが、あまり効果は得られないようです。

というのは、**体脂肪の増減は部分的ではなく、体全体で行なわれる**からです。

つまり、体脂肪はエネルギーとして消費されて体全体から均等に落ちていくため、体の一部しか使わない腹筋運動では、たとえ何時間行なってもおなかの脂肪が直接エネルギーとして使われることはないのです。

そこで、なかなかへらない体脂肪をへらすよりも、筋肉の量をふやして基礎代謝量（生命維持に最低限必要なエネルギー）を高めることに注目したのが、大腰筋エクササイズです。

猫背がなおり、ムリなく「美しい姿勢」がキープできる！

大腰筋が衰えると、**骨盤が後ろに傾いた状態になって背骨が湾曲し、いわゆる猫背になります。**

このため、交感神経（内臓などを支配し、全身の活動力を高める神経）の働きが鈍くなり、周辺にあるお尻や背中、わき腹などの筋肉が使われないでだぶつき、くびれのない、だらしないボディラインになってしまうのです。

左ページのように、大腰筋がきちんと収縮していると、背骨は正しいS字形の湾曲を描いています。また、骨盤もやや前傾して下腹部もスッキリ引き締まっています。

猫背になると、腹筋や背筋もゆるんできちんと働かなくなりますから、大腰筋はさらにゆるみ、これに伴って下腹部がポッコリと突き出て、ますます姿勢が悪くなるという悪循環をくり返すのです。

大腰筋の衰えは体型くずれの原因にも！

強い大腰筋で
おなかはスッキリ！

大腰筋がきちんと収縮していると、骨盤はやや前傾ぎみに立っている。背骨は美しいＳ字カーブを描く。下腹も引き上げられ、スッキリしている。

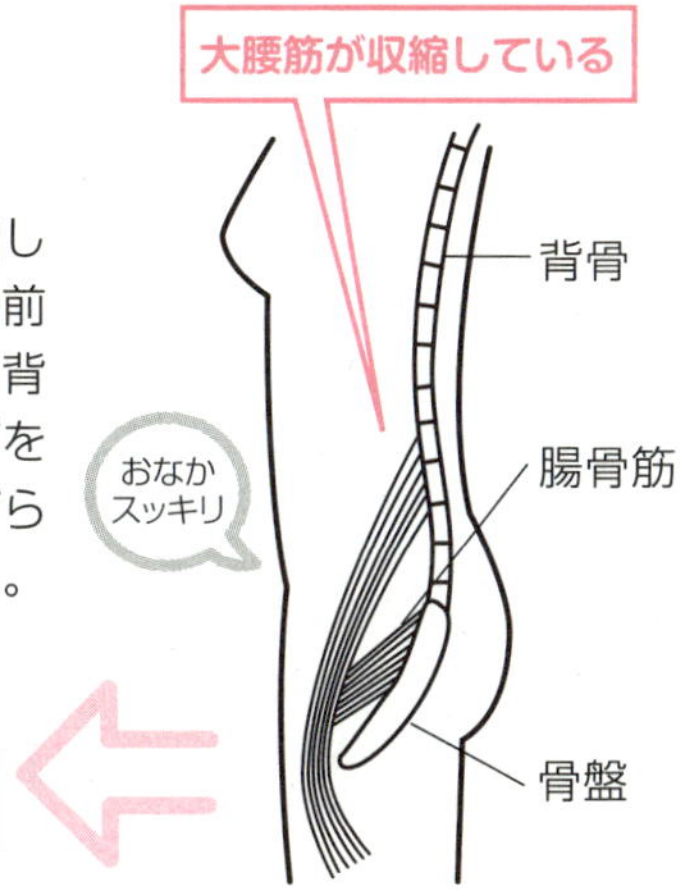

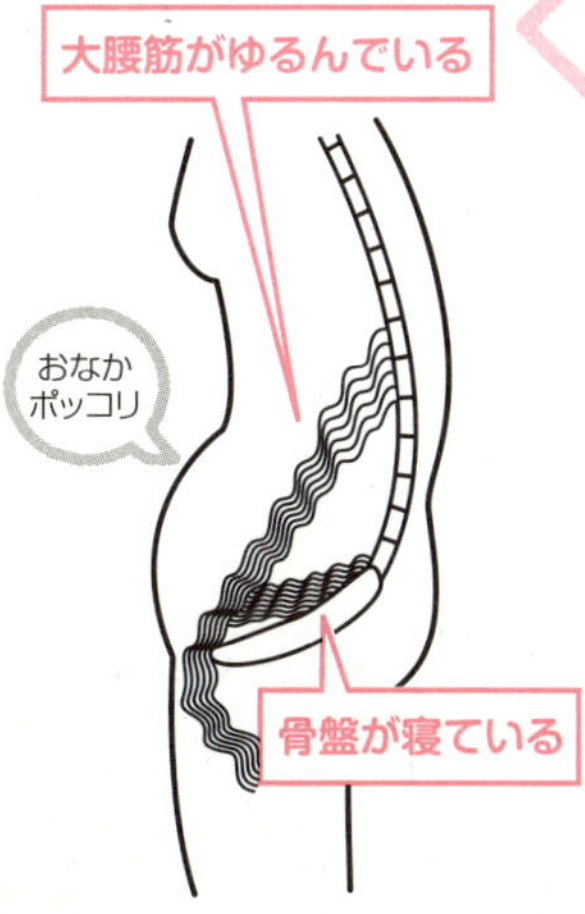

大腰筋がゆるむと猫背に
なってポッコリおなかに！

大腰筋が衰えてゆるむと、骨盤は寝てしまう。そこに内臓が下垂して、下腹がポッコリと出やすくなる。背骨のＳ字カーブがくずれ、猫背にもなる。

見た目年齢に差がつく！ たるんだヒップラインにサヨナラ！

大腰筋は、お尻の形にも影響を及ぼします。
大腰筋が衰えて骨盤が後ろに傾き、寝たような状態になると、お尻の筋肉（大臀《だいでん》筋《きん》）が弱くなって、いわゆる〝垂れ尻〟や〝ピーマン尻〟などを招きます。**形の悪いたるんだヒップラインになってしまう**のです。

少し専門的になりますが、大腰筋が太ももを上げる筋肉なら、大臀筋は後ろに足を蹴り上げる筋肉です。ですから、これらがワンセットで働くことにより、スムーズに足を前後に運ぶことができるのです。

一流のスプリンター（短距離走者）は、お尻がキュッと引き締まってヒップアップしているだけでなく、大腰筋もとても太くなっています。それが驚異的なスピードを生み出す原動力となるのです。

このように、大腰筋と大臀筋は一対の関係にあり、大腰筋が衰えれば大臀筋も衰え、必然的にお尻が下垂してくる原因となります。

お尻の外形は、主に大臀筋と中臀筋《ちゅうでんきん》が（83ページ参照）つくりますが、姿勢が正しく保たれている場合、とくに中臀筋は、骨盤から横に向かって張り出しており、これによってキュッと引き締まった形のよいヒップラインが保たれています。

しかし、大腰筋がゆるんで姿勢が悪くなると、骨盤が後ろに傾き、これと同時に大臀筋は下を向き、中臀筋も横に張り出すことができなくなります。こうしてお尻全体がだらしなく垂れ下がり、締まりのない状態になっていくのです。

大臀筋も中臀筋も加齢に伴って萎縮する度合いの大きい筋肉ですから、年齢を重ねるにつれてヒップラインがくずれていくのは、ある程度はしかたのないことですが、**大腰筋を鍛えて姿勢を正しく保っていれば、お尻の下垂を最小限に食い止めることができます**。大腰筋の衰えは、下半身太りを中心に体型くずれの大きな原因となることがおわかりでしょう。

〝めぐり〟をよくして、脂肪が燃えやすい体質になる！

大腰筋は、自律神経や血管にも影響を及ぼします。

骨盤の表面には神経や血管がたくさん走っており、とくに、下半身へと向かっていく神経や血管のほとんどは、脊髄《せきずい》から骨盤の表面を経由しているからです。

大腰筋が衰え、内臓が下垂すると、これらの神経や血管を圧迫することにもつながると考えられています。

姿勢がくずれ、骨盤の血管が圧迫され続けている状況は、いわゆる「エコノミークラス症候群」に似ています。これは、飛行機の機内などで長時間、同じ姿勢で座り続けていることで引き起こされる症状で、足のむくみや全身の倦怠感《けんたいかん》を訴えます。ひどい場合には、血栓《けっせん》（血液の塊《かたまり》）を生じ、肺塞栓《はいそくせん》や脳梗塞《のうこうそく》を招くこともあります。

長時間座席に座りっぱなしで、血管が圧迫されて血行不良の状態のときに、急に席を立つことで一気に血流が回復して血栓が飛び、肺の血管などに詰まってしまうのです。

体内の血液は、心臓を起点に全身をくまなくめぐり、また心臓へと戻ってきますが、これは心臓がポンプの役割を果たして血液を全身に循環させているからです。

しかし、私たちは24時間常に重力にさらされているわけですから、血液は下方に流れやすく、上に戻ってくるときには負荷がかかります。この重力こそが、足のむくみを招く原因なのです。

骨盤の血管が圧迫されても、血液は足の方へと流れ込むことはできますが、足に流れた血液は、骨盤の圧迫と重力の作用に遮《さえぎ》られて、心臓へ戻りにくくなります。これにより、過剰な血液が足にとどまり、むくみを引き起こします。

また、骨盤の表面を走る神経の中には、筋肉に作用して熱生産を高めたり、脂肪の分解を促したりする交感神経があります。これも同時に圧迫されて、機能をじゅうぶんに発揮できなくなりますので、とくに下半身の脂肪が燃えにくくなって肥満の原因となるのです。

不思議！　冷え症、便秘……女性特有の悩みもスーッと消えていく！

大腰筋の衰えが、**冷え症や便秘、更年期障害《こうねんきしょうがい》**などを引き起こしたり、悪化させたりする原因となることがあります。

冷え症は、交感神経の働きと密接に関係しています。交感神経は筋肉を活性化し、脂肪を燃焼させる働きがあり、これによって体温が一定に保たれています。

ところが、前項目でご説明したように大腰筋が衰えて内臓が下垂し、骨盤表面の交感神経が圧迫されると、体温保持機能にも悪影響を及ぼします。

さらに、大腰筋が衰えて内臓が下垂すると、骨盤だけでなく腸そのものも圧迫されることになり、腸の蠕動《ぜんどう》運動（腸の内容物を肛門の方へ送り出す運動）が鈍くなって便秘の原因ともなります。

また、大腰筋が衰えると、**ホルモンのバランス**がくずれることもあります。

ホルモンバランスは、脳の視床下部《ししょうかぶ》というところでコントロールされています。

視床下部では、神経や血液によって伝達されてくる体全体の情報を集めてホルモンの分泌調節を行なっていますから、下半身全体にわたって血行不良が起こると、情報が視床下部に正しく伝達されなくなってしまうおそれがあります。

こうして全体のホルモンバランスのくずれを招き、更年期障害の症状を悪化させてしまうことも考えられます。

〝生活習慣〟で、大腰筋がゆるゆるに⁉

ふだんから悪い姿勢をとったり、ほとんど歩かないですぐに車を利用したりする生活を続けていると、かなり大腰筋が衰えているおそれがあります。

休日など、外出しないで、室内でテレビばかり見て過ごすことが習慣になっている人は、要注意です。

また、短時間にお酒を飲みすぎることも、筋肉に大きなダメージを与えます。「急性アルコール筋症」といい、筋繊維を破壊して大腰筋だけでなく全身の筋肉の低下を招きます。

そして、大腰筋の衰えは男性よりも女性にてきめんに現われがちです。これは、女性は男性よりも筋肉が細いうえに出産のため骨盤が動きやすいことが原因と考えられます。こうした条件にあてはまる人は、意識的に大腰筋を鍛える必要があるでしょう。

だらしない生活で大腰筋は衰える！

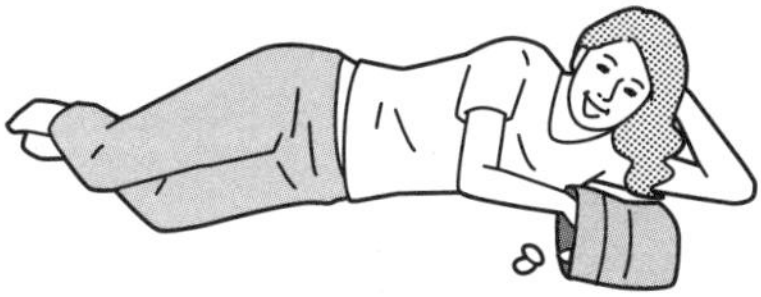

休日はあまり外出しない。
室内でゴロゴロすることが多い

近い距離でもすぐ車を利用する。
あまり歩かない

短時間に大量のお酒をよく飲む

20代、30代でも、70代でも！ いくつになっても、簡単に鍛えられる！

ただし、心配はいりません。衰えた大腰筋は、トレーニングによって回復させることができます。しかも、**いくつになってからでも可能で、高齢者にも楽に行なえる、体に負担のないトレーニングでじゅうぶん**なのです。

ふつう、筋力トレーニングというと、腹筋や背筋、上腕筋《じょうわんきん》など、外側から見える筋肉を鍛えることをいいます。

目に見える筋肉ですから、その筋肉が現在、どのような状態にあってどの部分をどのように鍛えればいいのか、比較的見当もつけやすいでしょう。

ところが、大腰筋は内臓や骨の陰になっていますから、外側からはまったく見ることができません。

ＣＴ（コンピューター断層撮影）などで確認することはできますが、通常、自分の大腰筋がどのような状態になっているかは、なかなかわからないものです。

そもそも筋肉には、体のいちばん外側にある「アウターマッスル」とその奥にある「インナーマッスル」とに分けられます。

外側から見える大きな筋肉、すなわち太ももの大腿四頭筋や肩にある僧帽筋などはアウターマッスルで、これに細かいインナーマッスルが幾層にも重なって筋肉の複雑な働きをコントロールしているのです。

筋肉は、使わないでいると機能が低下していくものですが、脚や腕などのアウターマッスルなら、日常生活の中で無意識のうちに使いますから、いくら運動不足でも若いうちから極端に衰えることはほとんどありません。

ところが、大腰筋のようなインナーマッスルは、悪い姿勢や運動不足の状態が日常的に続くと、ほとんど使う機会がなくなってしまって知らず知らずのうちに機能が衰えてしまうのです。

一般的な筋力トレーニングでは、変化が目に見えるアウターマッスルを鍛えることに意識が向かいがちですが、アウターマッスルだけを鍛えても、細かく正確な動きまでコントロールすることはできません。

アウターマッスルとインナーマッスルが密接に関わり合ってバランスのとれた筋肉の動きが可能となるのです。

正しい姿勢を意識して保ちながら、大腰筋を効果的に鍛え、無理なく続けられるエクササイズを日常生活に取り入れることがポイントとなります。

Part 2

〈実践編〉

今日から体が変わる!
脂肪がドンドン燃えていく!

“正しい姿勢”と“自然な呼吸”を意識する

それでは、早速、エクササイズに入りましょう。

大腰筋《だいようきん》エクササイズの最大のポイントは、**大腰筋と、正しい姿勢を常に意識しながら行なう**ことです。

これは、これから紹介するすべてのエクササイズに共通していえることです。

また、**オーバーワークにならないよう注意することも大切**です。

無理をしてトレーニングが苦痛になってしまうと、かえって体に悪影響を及ぼすことがあります。

ここで紹介するエクササイズは、それほど大きな負荷をかけるものではありませんが、苦痛を伴うようであれば、その日のエクササイズはそこまでにとどめるようにしましょう。それぞれのエクササイズで実行する回数を設定していますが、これはあくまでも目安ですから、最初はできる範囲で行ない、慣れてきたら徐々に回数をふやしていくよう心がけてください。

大腰筋エクササイズは、次の２つのエクササイズを組み合わせて行ないます。**1日おきに行なうだけでも有効**です。

①もも上げ足踏み（46ページ）
②レッグレイズ（48ページ）

呼吸を止めて筋肉に力を入れると、血圧が上がりますので、エクササイズをするときは呼吸を止めず、**ゆっくりと自然な呼吸を心がけ**ましょう。

さらに、余裕がある人は、**「お尻歩き（54ページ）」**と**「スロースクワット（56ページ）」**などを組み合わせます。

レベルアップコース／組み合わせればさらに効果アップ!

〈お尻歩き〉

>>> 54ページ

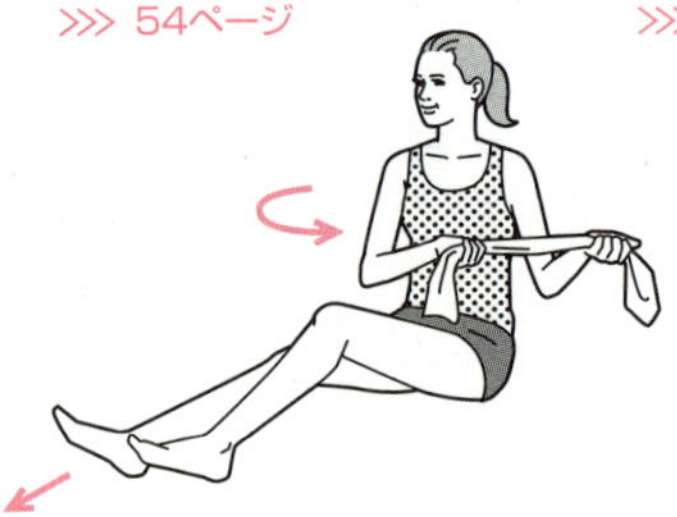

〈スロースクワット〉

>>> 56ページ

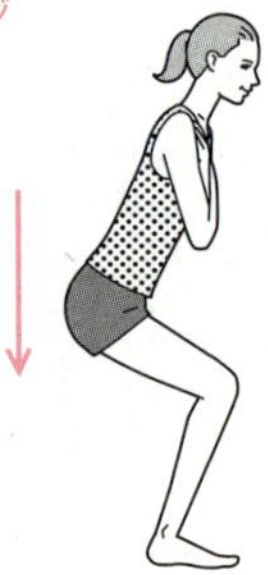

〈踏み台昇降〉

>>> 58ページ

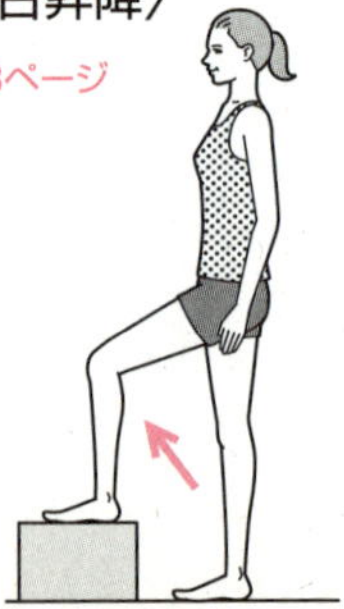

〈フォワードランジ〉

>>> 60ページ

体力やライフスタイルに合わせて自分にピッタリのコースを選ぼう！

基本コース／1日おきでもOK!

〈もも上げ足踏み〉

>>> 46ページ

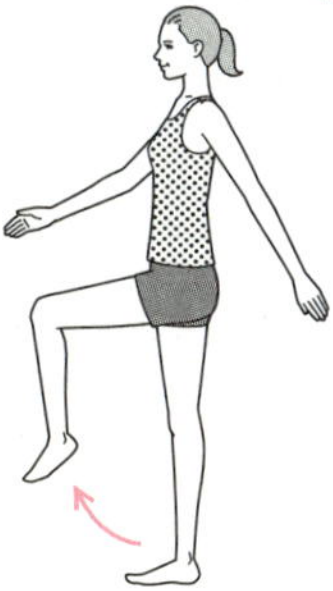

〈レッグレイズ〉

>>> 48ページ

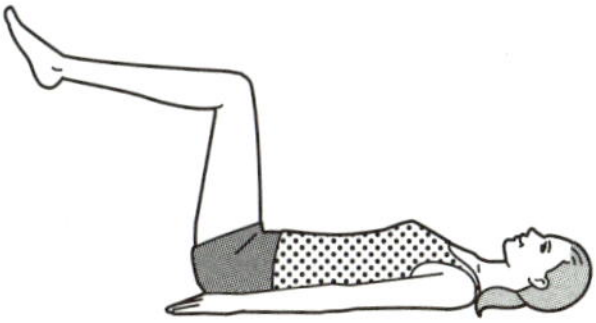

簡単コース／体力に自信がなくてもOK!

〈あお向け足踏み〉 >>> 52ページ

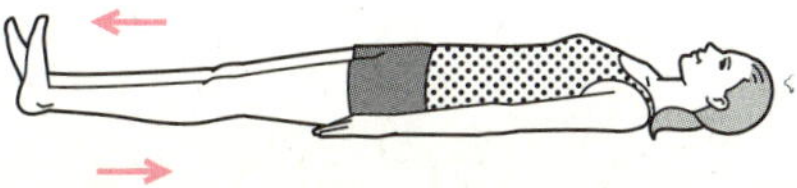

《標準エクササイズ①——もも上げ足踏み》
効率よく大腰筋を強化する

「もも上げ足踏み」は、ただ足を上げるのではなく、**骨盤を意識して足のつけ根から大きく動かす**ようにするのがコツです。

行進のようにリズミカルに足踏みするのではなく、**1回あたり1秒間ぐらいかけるペース**で、ゆっくりと上げ下ろしします。ももが床と平行になるように、1回ずつ確実に行ないます。

これを1日50回からはじめ、慣れてきたら10～20回刻みで回数をふやしていき、1日２００～３００回を目標に行なうようにしましょう。

目標の回数まで達成したら、**さらに回数をふやすよりも、そのほかのエクササイズを追加する**ことにより、よりいっそう大きな効果が期待できます。

基本コース

標準エクササイズ①

50回〜

「もも上げ足踏み」で代謝もグンとアップ！

1

背すじを伸ばしてまっすぐ立つ。

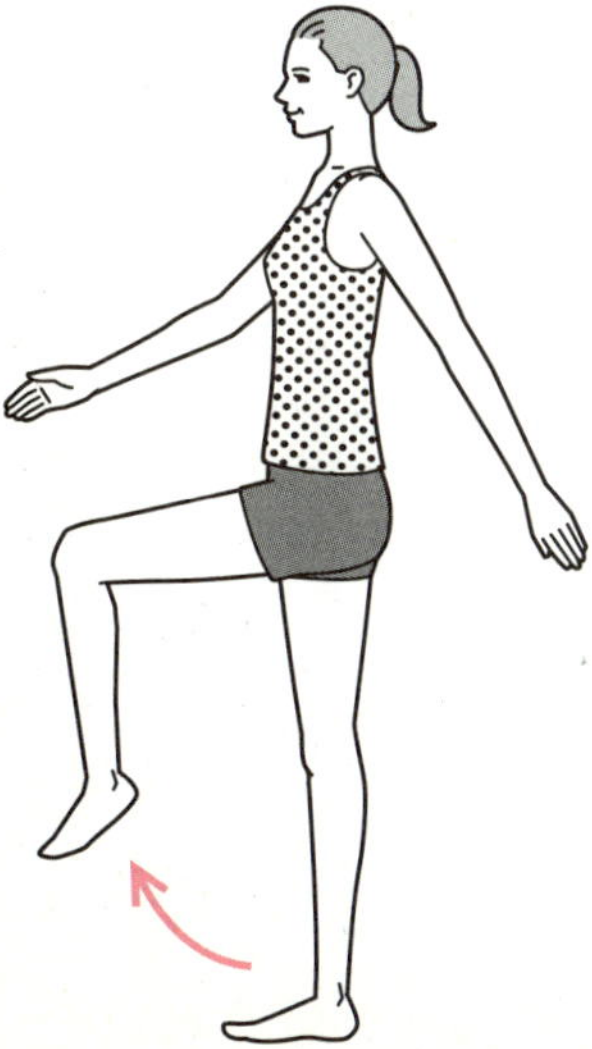

2

その場で足踏みをくり返す。太ももをゆっくりと上げ、水平になるくらいの位置で止める。1秒間ぐらいこの形を保持してから下ろす。

《標準エクササイズ②――レッグレイズ》
おなかや腰周りがスッキリ。クビレ出現！

大腰筋と骨盤の動きをスムーズに行なうことによって、楽にくびれをつくることができるのが、この**「レッグレイズ」**です。

効果を最大限に引き出すためには、**静かに呼吸をしながら常に骨盤の動きを意識して行なう**ことです。

また、**おなかや腰周りに力を込めながら行なう**ことがポイントです。

股関節を曲げ、太ももをしっかり上げることにより、大腰筋が収縮し、足を下ろすことで大腰筋が弛《し》緩《かん》しますから、これらの動作をしっかりと確実に行なうことにより、大腰筋が鍛えられます。

最初はひざを曲げた状態からはじめ、慣れてきたら、次第に足をまっすぐ伸ばした状態にすると、さらに大腰筋が強化できます。

なお、腰痛がある人、とくに神経性の痛みがある人は、このエクササイズを行なうときには注意が必要です。

エクササイズを行なっているときに痛みを感じてきたら、そのままやり続けないですぐに中止してください。

腰痛のほか、妊娠中の人や体になんらかの不調がある場合は、負担の少ない「あお向け足踏み（52ページ）」で代用できます。

Point
足首は直角になるように曲げ、
5 秒間静止する。

3
天井に向かって両足をまっすぐ上に伸ばす。

4
ゆっくり息を吸いながら、ひざを曲げて両足を下ろす。

＊腰が痛む人は、52 ページの「あお向け足踏み」がおすすめ。

基本コース

標準エクササイズ②

10回

「レッグレイズ」で"下腹ポッコリ"も解消！

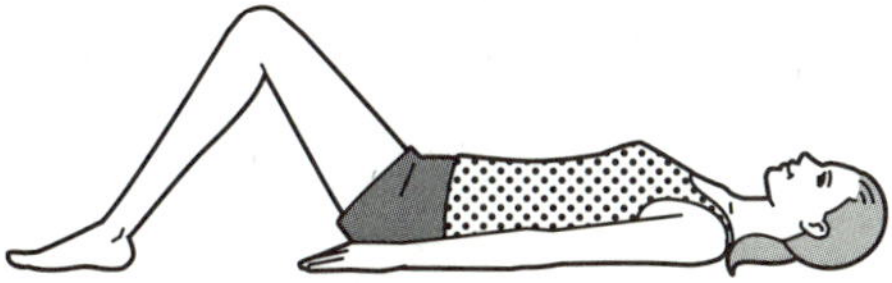

1

床に寝そべって、両ひざを立てる。
両手は伸ばして手のひらを床につける。

2

息を吐きながらゆっくり両足をそろえて上げる。

《ライトエクササイズ――あお向け足踏み》
体力に自信がなくてもOK！

「あお向け足踏み」は、最も簡単に骨盤を動かすことができる、負担の少ないエクササイズです。前ページで紹介した「レッグレイズ」ができない妊娠中の人や、体力があまりない人におすすめです。骨盤を意識しながら行ないましょう。

また、基本の大腰筋エクササイズを行なう前のウォーミングアップとしても有効です。

妊娠中の人や、腰痛などがあってあお向けの姿勢がとりにくい人は、背中に座ぶとんやクッションなどを当て、上体を30～40度ぐらい起こして、寄りかかるようにして行なってください。妊婦はあお向け姿勢は絶対にとらないようにしてください。

腰痛のある人は、朝と夜に1セットずつ行なうことで、腰痛をやわらげる効果が期待できます。

簡単コース

ライトエクササイズ

20回

腰痛もやわらげる「あお向け足踏み」

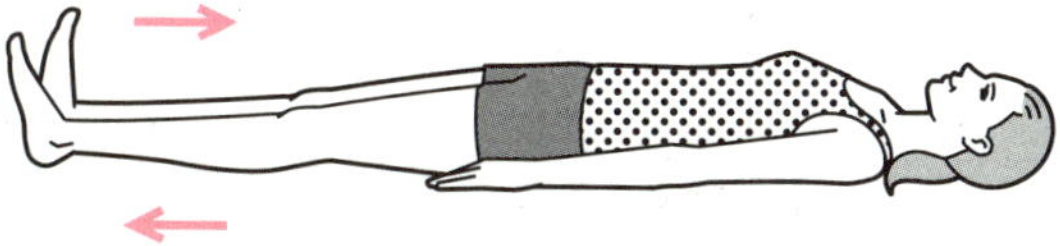

1

床にあお向けになり、背骨を中心にして骨盤を動かすようなイメージで、足踏みをくり返す。

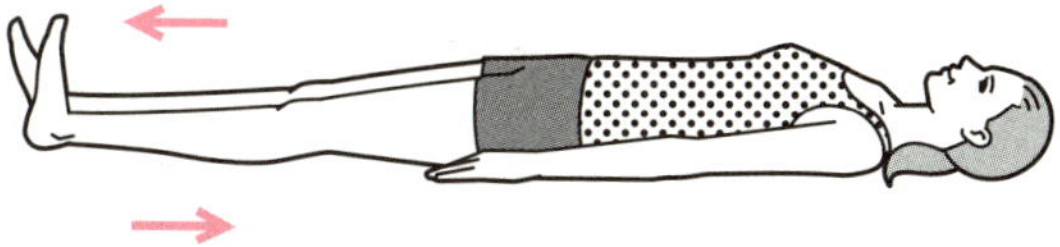

Point

ひざをまっすぐ伸ばしたまま、
左右交互に足を踏み出すような感じで行なう。

＊左右交互に20回くり返す。
30回まで回数をふやすのを目標に行ないましょう。

《中級エクササイズ①――お尻歩き》
下半身全体を引き締める!

基本の大腰筋エクササイズがきちんと身につき、メリハリ効果を倍増させたい人は、**骨盤を正常な位置に戻す「お尻歩き」を組み合わせましょう。**腰周りをスッキリ引き締め、下半身やせに効果的です。

お尻歩きを行なうときは、前へ進もうとするあまり姿勢が前傾になって足の裏で前進してしまわないように注意しましょう。

お尻をキュッと引き締めて座り、体をひねりながら前進、後進をくり返します。また、顔は正面を向いてゆっくり1歩ずつ進みます。

常に胸を張って両腕を大きく振り、腰をひねったときの力を利用して進むのがポイントです。後進するときは前進のときと腕と足の動きが異なりますが、慣れるまではゆっくり確実に行なってください。

レベルアップコース

中級エクササイズ①

骨盤を整える「お尻歩き」

1

床に両足を伸ばして座り、両手でタオルの端のほうを握る。足を床から少し浮かせながら体の上半身と下半身が同じ方向になるようにひねる。お尻の右側を使って1歩前進する。

2

同じように、今度は反動をつけながら下半身を同じ方向にねじり、お尻の左側を使って1歩前進する。

＊1、2をくり返しながら10歩前進し、10歩後進する。

《中級エクササイズ②——スロースクワット》
若返りの秘薬〝成長ホルモン〟の分泌が活生化

「スロースクワット」は、大腰筋をはじめ大腿四頭筋（太ももの前部の筋肉）や大臀筋（お尻の筋肉）など、その周囲の筋肉も広範囲にわたってバランスよく鍛えることができるエクササイズです。

大腰筋エクササイズの締めくくりとして、最後に行なうと、**全身的なボディバランスも向上**させることができます。

また、**成長ホルモンの分泌を促進させて全身の老化防止にも役立ちます。**

スロースクワットを行なうとき、かかとを上げてひざを前に出すような体勢で行なうと、ひざを傷めるおそれがありますので、ひざがつま先よりも前に出ないように注意しながら行ないましょう。

レベルアップコース

中級エクササイズ②

10回

ボディバランス向上！「スロースクワット」

1

両足を軽く開いて立ち、胸の前で両腕を交差させる。背すじを伸ばしてゆっくりひざを曲げていく。

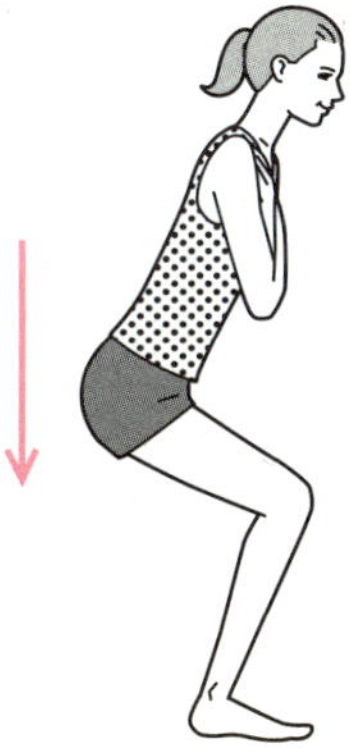

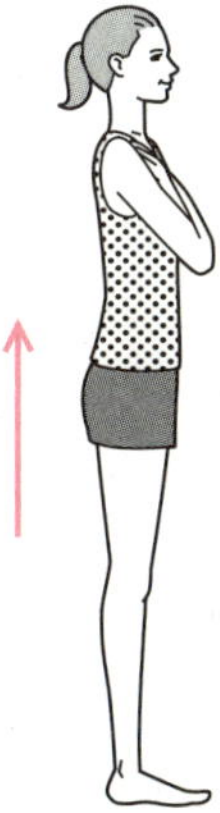

2

太ももが水平になる位置まで体を沈めたら、ひざを伸ばして元に戻る。

＊つま先に向かって、ひざがまっすぐになるよう確認しながら行なうことが大切。

《中級エクササイズ③――踏み台昇降》
「筋トレ＋有酸素運動」で効率的に脂肪を燃やす！

学生時代のスポーツテストでおなじみの**「踏み台昇降」**は、大腰筋を鍛えると同時に**腹筋や背筋を鍛える効果**も期待できるエクササイズです。

ふだんあまり運動をしない人や、体力が低下ぎみの人は、よろけてケガをするおそれがありますから、最初は壁などに手をついて行なうようにしましょう。また、ひざや腰の治療中の人や高血圧、心臓病などがある人は、主治医に相談してから行なってください。異常を感じたらすぐに中止し、無理して行なわないようにしましょう。

踏み台は段ボール箱や古雑誌を利用して簡単に手作りできます。高さ20センチ程度の段ボール箱、古雑誌、ガムテープ、階段用のすべり止めテープを用意します。

段ボール箱に古雑誌をぎゅうぎゅうに詰め、ふたをガムテープでしっかり留め、足をつく面と底面のへりにすべり止めテープを貼ればできあがりです。

レベルアップコース

中級エクササイズ③

5分

たるんだお尻も“キュッ”！「踏み台昇降」

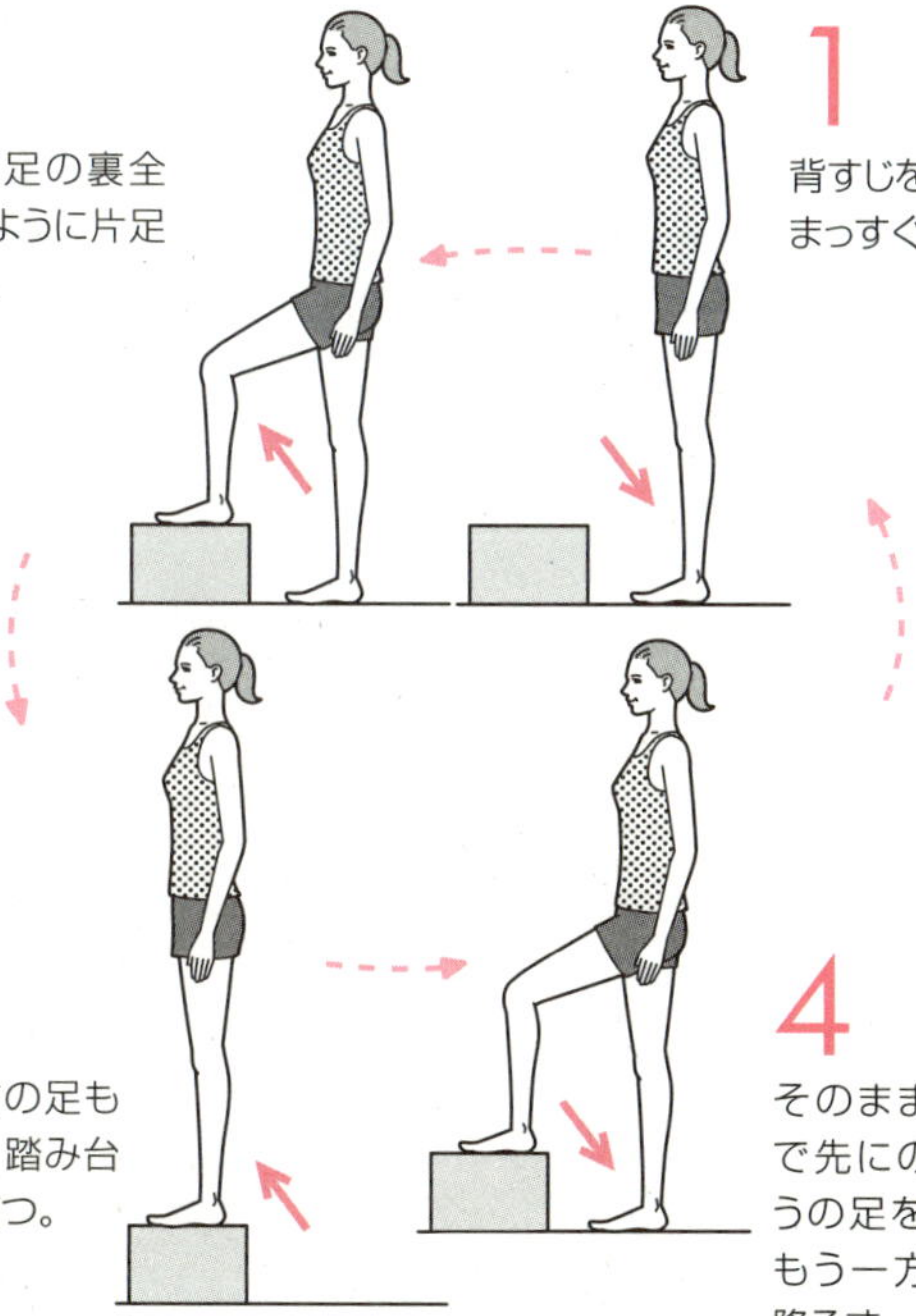

1

背すじを伸ばしてまっすぐ立つ。

2

踏み台に足の裏全体がつくように片足をのせる。

3

もう一方の足ものせて、踏み台の上に立つ。

4

そのままの姿勢で先にのせたほうの足を降ろし、もう一方の足も降ろす。

＊踏み出す足を左右ときどき入れ替え、1〜4を5分程度続ける。

《中級エクササイズ④──フォワードランジ》
時間がない日には、コレだけでOK！

たった1種類でもしっかり大腰筋を鍛えられるエクササイズが、**「フォワードランジ」**です。時間がないときでもじゅうぶん大腰筋を強化することができます。

両手を腰に当てて立ち、片足を大きく前方に踏み出し、すばやく床をキックして元に戻ります。踏み出した足に体重をのせることにより、踏み出した側の大腰筋が鍛えられると同時に、後方に伸ばした側の大腰筋にはストレッチ効果が得られます。

これを左右交互に行なうことにより、大腰筋が効率よく鍛えられるのです。

足を前に踏み出すとき、できるだけ歩幅を大きくとるようにし、体の中心線上に足を踏み出すよう心がけると、ヒップアップ効果も期待できます。

左右交互に10回行ないます。最初はあまり足を高く上げないで、踏み出す歩幅を小さめにして行ないましょう。

レベルアップコース

中級エクササイズ④

10回

超簡単！ストレッチ効果もある「フォワードランジ」

1　まっすぐ立ち、腰に両手を当て、片足を軽く上げる。

Point
踏み出した足とひざの角度が90度になるようにする。

2
足を大きく前方に踏み出し、体重をかける。
踏み出したほうのひざが90度になるまでゆっくり曲げ、後ろ足をしっかり伸ばして5秒間静止する。

❋ 元に戻して足を替え、左右交互に10回くり返す。

《AFTERストレッチ――ねじり歩き》大腰筋を気持ちよく伸ばす

大腰筋エクササイズで疲労した大腰筋を徐々に元の状態に戻すため、ぜひ組み合わせたいのが、大腰筋が気持ちよく伸びるストレッチです。

これには、**骨盤の動きがスムーズになる「ねじり歩き」**が有効です。

両腕を頭の上に伸ばし、手のひらを合わせて全身をねじりながらゆっくりと歩きます。

骨盤を前に出すよう意識しながら、ゆっくりと全身を大きくねじるように行ないましょう。左右交互に10回ずつつくり返しながら歩きます。

足を踏み出したとき、ひざが曲がらないように注意し、きちんと体重をかけながら行なうことがポイントです。

ストレッチメニュー

AFTER ストレッチ

10回

トレーニング効果倍増！「ねじり歩き」

1 両手を頭の上に上げ、手首をひねって手のひらを合わせ、全身をねじるようにしながら片足を前へ出す。

2 足を出したほうへ体全体を伸ばしながら全身を回す。

3 さらに大きく全身をねじっていく。

＊ これを左右交互に 10 回くり返しながらゆっくり歩く。

もっと美しく！　健康になる！「姿勢・歩き方」

大腰筋エクササイズとあわせて、ふだんからこまめにウォーキングなどを行なうことにより、ダイエット効果がさらに高まります。

また、立ち方や歩き方などの何気ない動作に注意するだけでも大腰筋を鍛えることができます。

この4カ所をチェック！「正しい立ち方」の基本

ふだんの立ち方も、しっかり胸を張って肩の力を抜き、両手は自然に下ろし、腹筋や背筋に力を入れるよう意識します。

壁を背にして立ったとき、**後頭部と肩甲骨《けんこうこつ》、お尻、かかとの４カ所がくっついてい**

れば、骨盤が正しい位置にあり、ゆがみのない姿勢がとれていることを示します。

✻通勤・通学で！「やせる歩き方」の基本

また、歩くときも胸を張って腰をまっすぐ伸ばし、なるべく大きな歩幅で、早足で歩くよう心がけます。

足のつけ根から大きく踏み出すことにより、自然とひざがよく伸びるようになり、一歩踏み出すたびに大腰筋をしっかりと使うことができるのです。歩くたびに骨盤が前後に動くようイメージするといいでしょう。

重心をくずさず、一直線上を歩くよう意識しながら、畳のへりの上を歩くような感覚で、右足と左足を踏み出すようにします。

すると、自然と腰をひねることになり、大腰筋が適度に刺激されます。坂道を歩いたり、階段を一段飛ばしで上ったりすることも、大腰筋の鍛錬に役立ちます。

正しい立ち方

美しい姿勢

壁に体をつけたとき、後頭部と肩甲骨、お尻、かかとの4カ所がつけば、正しい姿勢がとれていることを示す。

日常生活でできること

正しい歩き方

大腰筋ウォーキング

重心をくずさず、一直線上を歩くつもりで大きな歩幅で歩くと大腰筋が鍛えられる。

キレイ度10倍アップ！「美しい座り方」

イスに座るときもなるべく深く腰掛け、背すじをまっすぐに伸ばすよう常に心がけます。

このとき、**ひざの位置が腰よりも低くなるようにイスの高さを調節するといいでしょう**。ひざが腰よりも高い位置になったり、イスに浅く腰掛けて背もたれに寄りかかったりすると、骨盤が後ろに傾きやすくなるからです。

また、足を組んだり足をからめて座ったりすることも、骨盤がゆがむ原因になりますから、ふだんから正しい姿勢を保つよう意識しましょう。

床に座るときの横座りも骨盤のアンバランスを招きますし、お尻を床にぺったりとつける、いわゆる「アヒル座り」も、骨盤のゆがみを生じる原因になります。こうしたクセは意識して改善するようにしてください。

日常生活でできること

正しい座り方

ひざの位置を腰より下にキープするのがコツ

イスに深く腰掛け、
背すじをまっすぐ伸ばす。
ひざが腰よりも
低い位置になるように。

＊食事をするときや仕事をするときの姿勢にも細かく気を配り、お風呂あがりなどに全身が映る鏡で骨盤の位置や肩の位置など、ふだんから体型チェックを欠かさないようにしましょう。

日常生活でできること

座ったままできるエクササイズ

10回

オフィスや学校で気軽にできる!

イスに腰掛け、両手でイスの両わきをしっかりつかみ、太ももが胸につくように引き寄せる。

❇これを 10 回くり返す。

Part 3

〈パーツ別エクササイズ編〉

もっとメリハリボディになる!

バストアップエクササイズ >>> 88ページ〜

美脚エクササイズ >>> 99ページ〜

集中シェイプエクササイズで“もっと美しい体”を手に入れる!

おなかやせエクササイズ

>>> 74ページ〜

小尻エクササイズ

>>> 82ページ〜

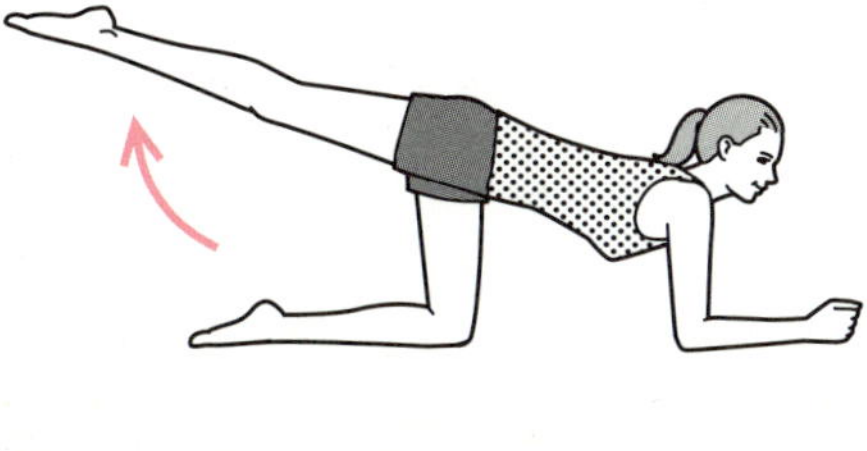

みるみるくびれる！「おなかやせエクササイズ」
——わき腹も鍛えてシャープなくびれをつくる

　脂肪のたまりやすいおなかをスッキリさせ、ウエストにくびれをつくるには、大腰筋や腸骨筋に腹直筋《ふくちょくきん》を代表とする腹筋群（左ページ参照）を加えた3つの筋肉を鍛えることで実現します。

　これらの筋肉を鍛えることで**周囲の脂肪が落ちて流れるような美しいウエストラインが現われます。**

　大腰筋や腸骨筋は大腰筋エクササイズで鍛えられますが、理想的なウエストのくびれを実現するためには、さらに腹筋群を鍛えるトレーニングを組み合わせる必要があります。腹筋群のうち、腹直筋は胸の下から恥骨のあたりまでのびる筋肉で、腹斜筋は肋骨《ろっこつ》の側面からおなかの中央にのびる筋肉、腹横筋は、「腹巻き」のようにお腹を取り巻いている筋肉です。

くびれに効くおなかの筋肉

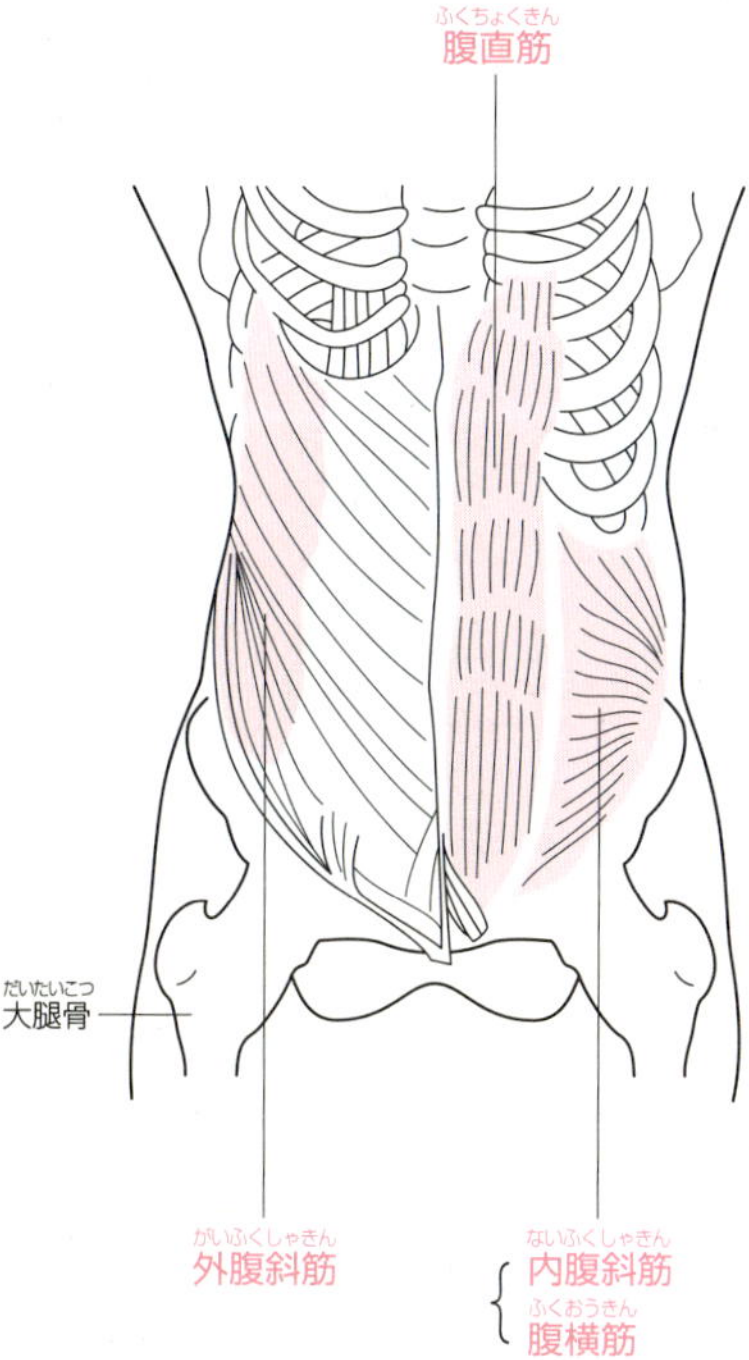

通常の腹筋運動で鍛えられるのは主に大腰筋や腸骨筋で、最も鍛えたい腹筋には実はあまり負荷がかかっていないのです。また、回数を重ねてもおなかの前面の筋肉しか鍛えることができないため、ずん胴の幼児体型は解消されません。

なだらかなくびれを生み出すには、わき腹の筋肉、すなわち腹斜筋と腹横筋も鍛える必要があります。

おなかの前部と側面の筋肉を効率よく鍛えることでウエストのくびれが実現します。「おなかやせエクササイズ」のうち、腹直筋を鍛えるものと腹斜筋を鍛えるものとを組み合わせれば、効果的におなかやせできます。

また、**腹筋は呼吸筋ですので、呼吸との連動がひじょうに重要**になります。必ず正しく呼吸しながら行なうことが大切です。

腹直筋のトレーニングを行なうときは、おなかの前面の筋肉に効かせるよう意識して行ないましょう。腹斜筋はわき腹の筋肉を意識しながら体をしっかりひねって行ないます。

腹直筋や大腰筋は骨盤を安定させ、腹斜筋は背骨をまっすぐ保つ働きをしていますから、**まず大腰筋エクササイズで骨盤のゆがみを解消してからこれらのエクササイズを組み合わせると、いっそうウエストのくびれ効果が高まります。**

集中シェイプ

おなかやせストレッチ

エクササイズの前後に

おなか全体を気持ちよく伸ばす「腹筋のストレッチ」

Point
ひじが胸のあたりにくるようにする。

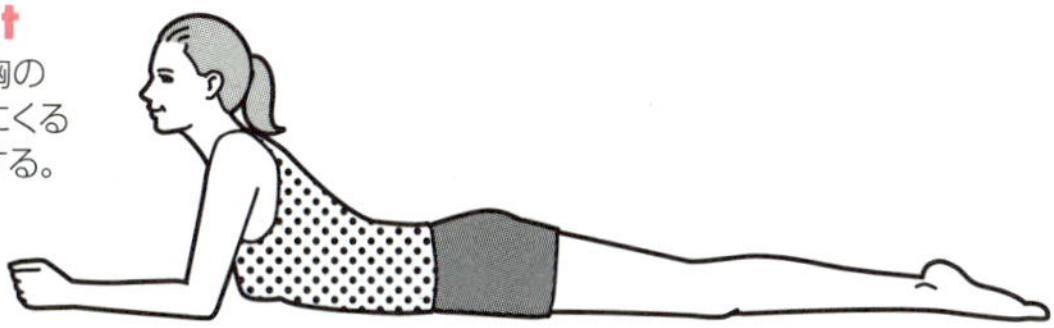

1

床にうつぶせになり、手はこぶしを握り、上体を起こしてひじから先を床につける。

Point
そのまま10秒間静止する。

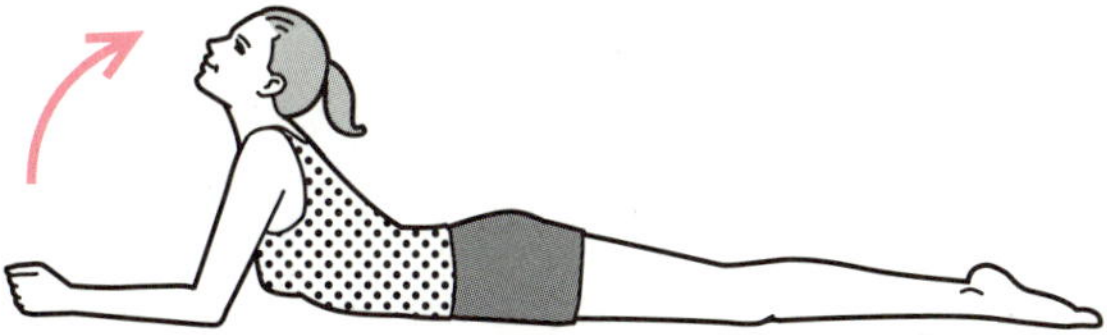

2

そのままの状態であごを上げ、腹筋全体が気持ちよく伸びるように体をそらす。

集中シェイプ

おなかやせエクササイズ①

5回

おなかの前面の筋肉「腹直筋」を鍛える

Point
両足は床から少し浮かせておく。

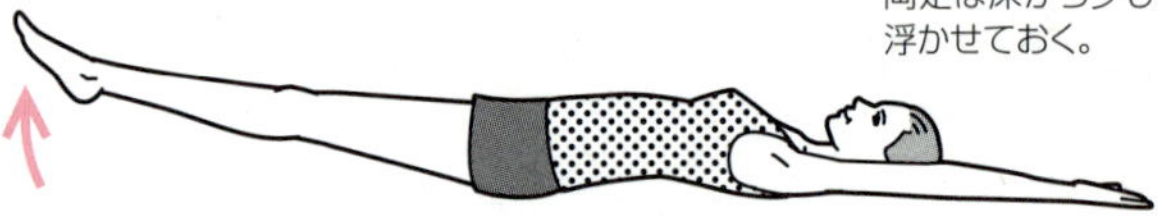

1

床にあおむけに寝て両手を頭の上に伸ばす。

2

次に、息を吐きながら体がVの字になるように上体を起こし、できるだけ高く足を上げる。

＊反動をつけないように5回くり返す。
腰が痛む人はやらないでください。

集中シェイプ

おなかやせエクササイズ②

10回

おなかの前面の筋肉「腹直筋」を鍛える

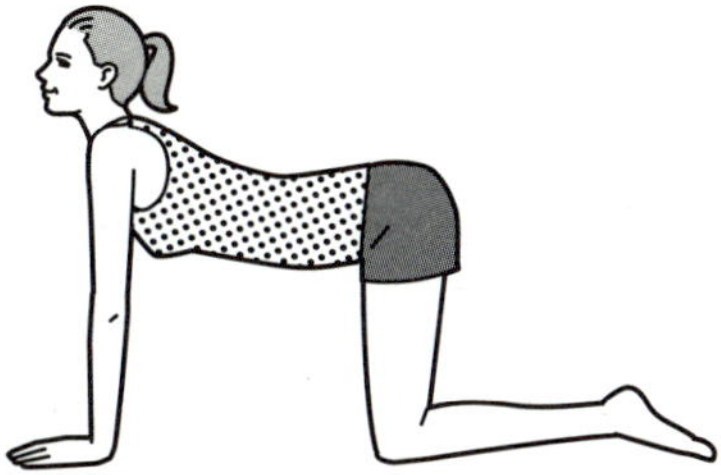

1

床に四つんばいになり、背すじを伸ばして顔を正面に向ける。

2

次に、顔をゆっくりと下げ、息を吐きながら背中を丸めていく。おなかを意識しながらじゅうぶん曲げたら1に戻る。

＊これを10回くり返す。

集中シェイプ

おなかやせエクササイズ③

10回

わき腹の筋肉「腹斜筋」を鍛える

Point
頭の後ろで両手を
組んでおく。

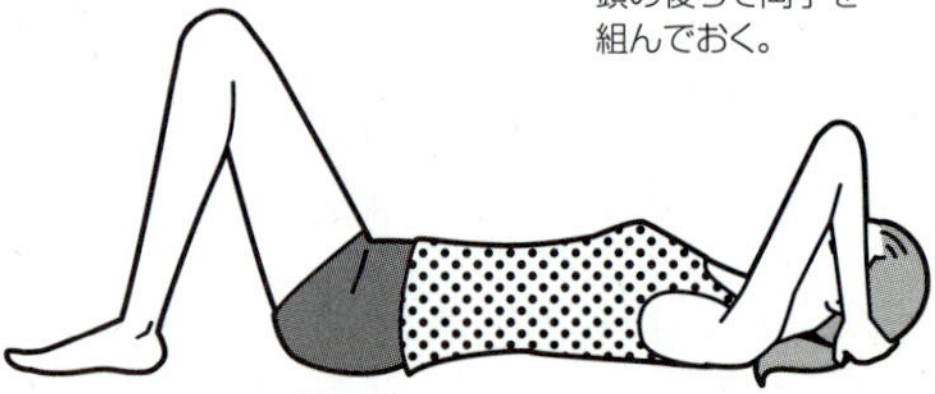

1

床にあおむけになり、両ひざを立てる。

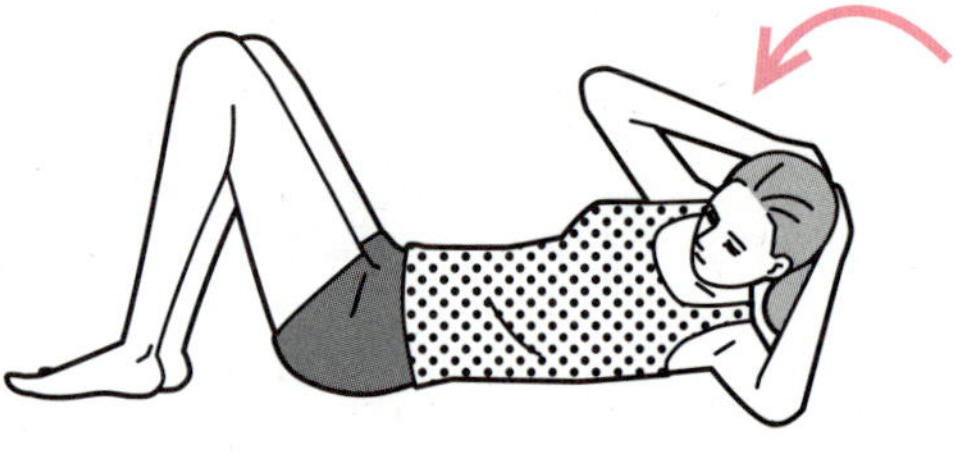

2

次に、上体を左側にねじりながら、息を吐いてゆっくりと起こしていく。右側の肩甲骨の下側が床から浮いたらゆっくりと1に戻す。

✻ 左右交互に10回行なう。

集中シェイプ

おなかやせエクササイズ④

5回

わき腹の筋肉「腹斜筋」を鍛える

Point
腕の力で引き上げるのではなく、
わき腹に力を込める。

床に横向きに寝て頭の後ろで両手を組む。ひざを軽く曲げてバランスをとる。次に、上体をゆっくりと起こし、床から浮かせたまま10秒間静止する。

＊左右交互に5回くり返す。

たれ防止！　ハリのあるヒップになる「小尻エクササイズ」
――骨盤の位置を整えてお尻の角度を引き上げる

形よく引き上がったお尻になる決め手は、**「骨盤の角度」と「お尻の筋肉」**です。お尻の筋肉の構造は、左ページの図のようになっており、骨盤の下にのびている大臀筋と骨盤のわきに回り込んでいる中臀筋によってお尻の形が決まります。骨盤の位置がゆがんでいると、筋肉の張る方向にも同時にゆがみが生じ、形のよいお尻にはなりません。お尻の筋肉を鍛える前に、まず大腰筋エクササイズで骨盤の位置を矯正します。

大臀筋はとても大きな筋肉で、走ったり、階段を上がったりするときに瞬間的にパワーを出してくれる筋肉です。一方、中臀筋は、足を開いたりするときに使われる筋肉です。これらの筋肉をバランスよくつけることにより、**お尻の下垂を防いでハリをもたらします**。それぞれのエクササイズを組み合わせて、形よく引き締まったヒップラインを目指しましょう。

ヒップアップに効く筋肉

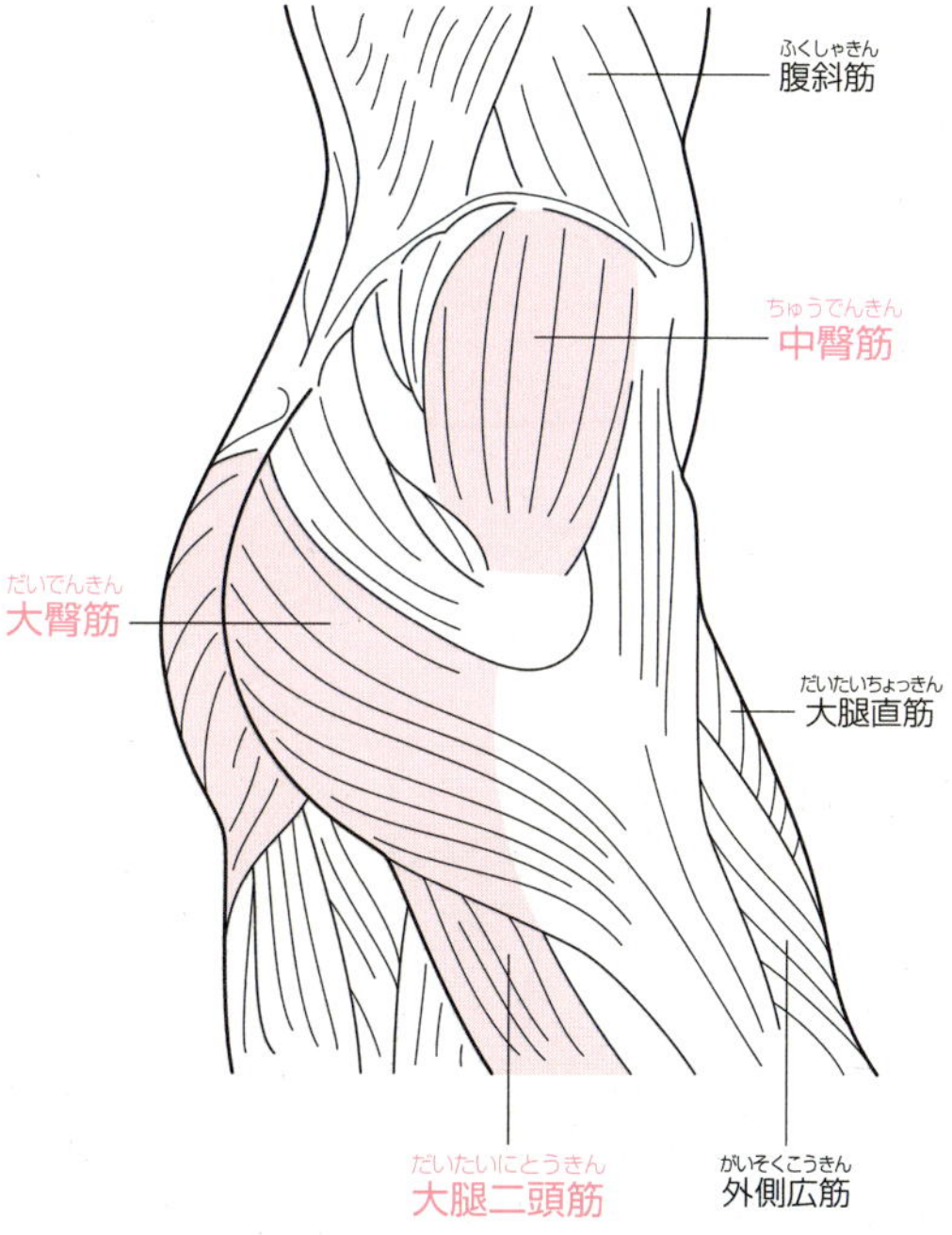

集中シェイプ

小尻エクササイズ①

10回

ヒップを覆う大きな筋肉「大臀筋」を鍛える

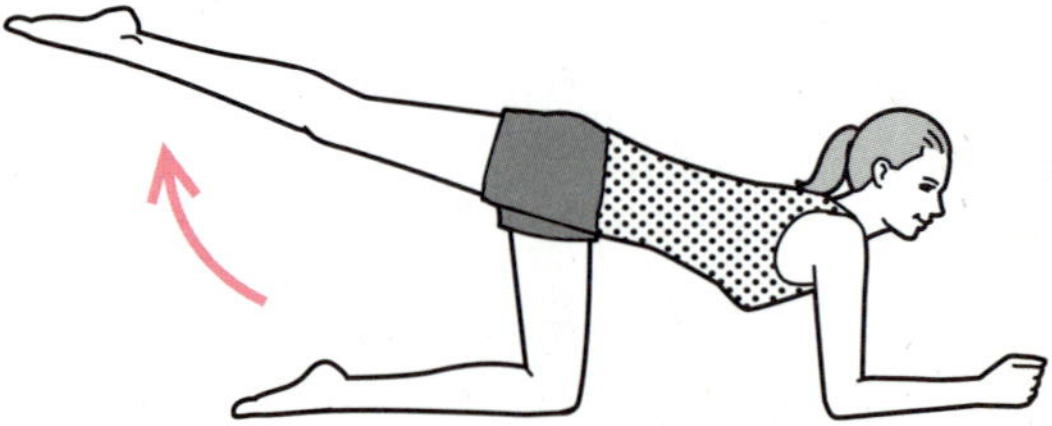

1

床に四つんばいになり、両ひじと両ひざをつく。
この状態から片足を後方にまっすぐ伸ばしていく。

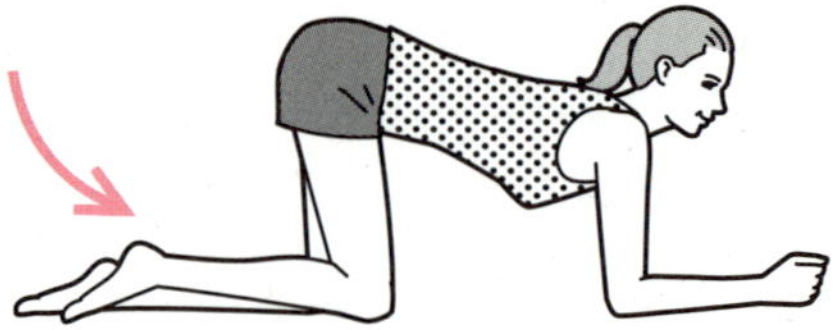

2

後方に振り上げた足を元に戻し、10回くり返す。

✻ 足を替えて左右交互に10回行なう。

集中シェイプ

小尻エクササイズ②

10回

ヒップを覆う大きな筋肉「大臀筋」を鍛える

Point
手のひらは
床につけておく。

1

床にあおむけになり、片足をもう一方の足のひざの上にのせて足を組む。
両腕は自然に伸ばしておく。

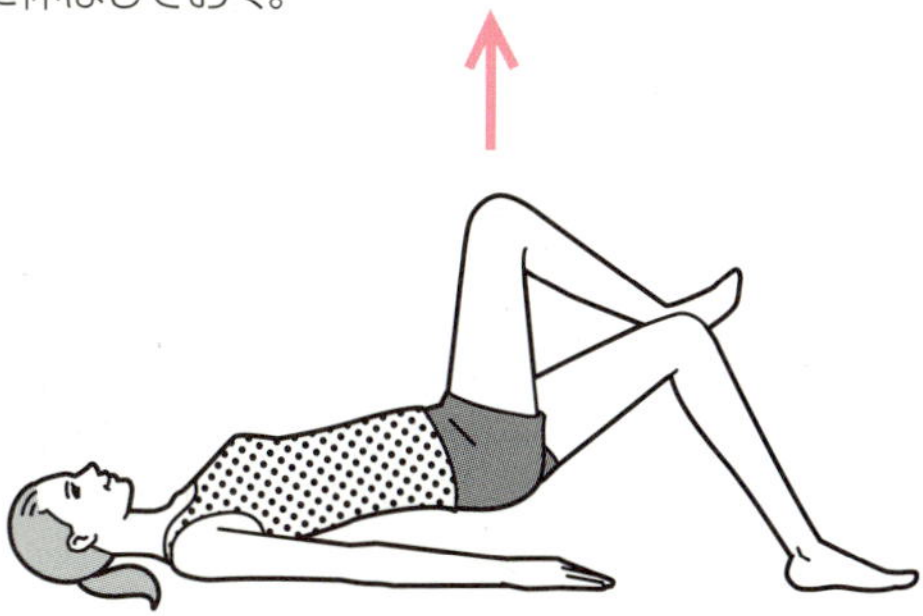

2

その状態のままお尻を高く持ち上げていく。

＊ 肩甲骨が床から浮かないように注意しながら10回くり返す。

小尻エクササイズ③

10回

お尻の上、わき近くの筋肉「中臀筋」を鍛える

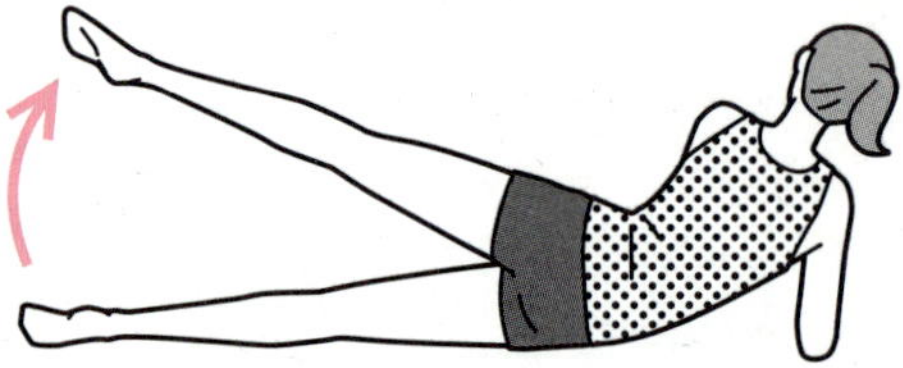

1

床に横向きに寝て上体を起こす。
この状態から片足をゆっくり上げていく。

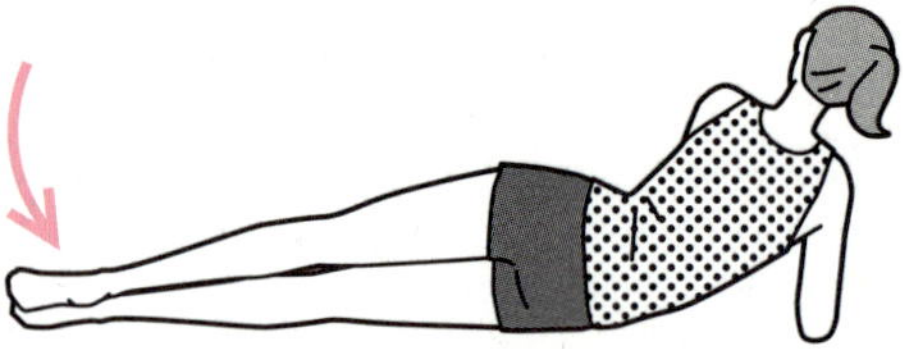

2

足を下ろして元の位置に戻す。

✻ 10 回くり返したら足を替えて同様に行なう。

集中シェイプ

小尻エクササイズ④

10回

大臀筋・大腿二頭筋を鍛える

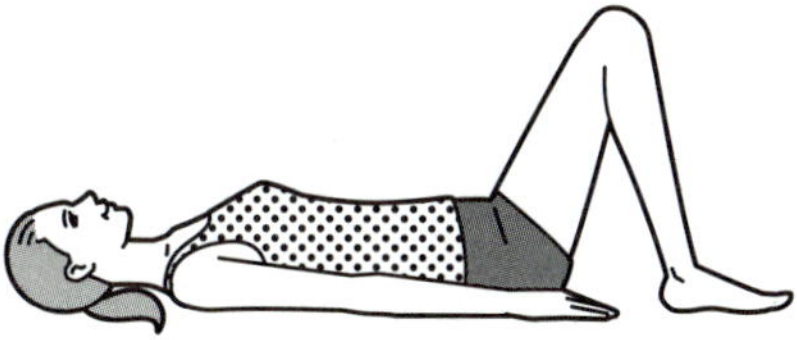

1

床にあおむけになり、両ひざを立て、手はまっすぐ下ろす。

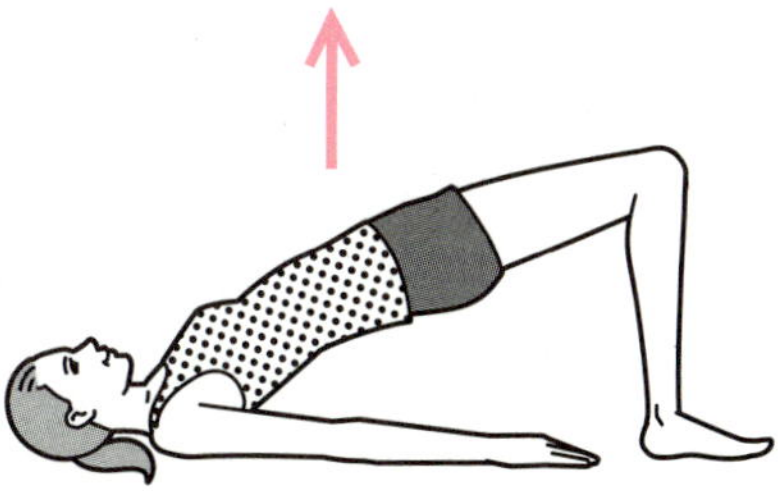

2

この状態から両手で体を支えながら、ゆっくりとお尻を持ち上げていく。その後、ゆっくりと元の位置に戻す。

＊これを10回くり返す。

体重↘《ダウン》胸のボリューム↗《アップ》！「バストアップエクササイズ」
——魅力的な胸とたくましい胸板の基本は大胸筋《だいきょうきん》

ツンと上向きのハリのあるバストやたくましい胸板のためには、胸の大きな筋肉「大胸筋《だいきょうきん》」を鍛える必要があります。

乳房は脂肪からなり、乳腺《にゅうせん》を含み、全体が網目状の結合組織で保たれ、大胸筋の上にのっています（91ページ図版参照）。大胸筋が衰える、すなわち大胸筋が萎縮《いしゅく》すると、それに伴って胸の位置が下がってしまいますから、**大胸筋をしっかりつけることでバストアップ効果が期待**できるのです。

さらに、大腰筋が弱ってくると姿勢が悪くなって猫背になりますから、正しい姿勢を保つとともに背中の筋肉を強化するエクササイズをプラスすると効果的です。

胸の筋肉と背中の筋肉は連動しており、胸の筋肉が縮むと背中の筋肉は伸び、背中の筋肉が縮むと胸の筋肉は伸びますから、この動きをくり返すことでそれぞれの筋肉が鍛えられるというわけです。

❇〝腕立て伏せ〟の効果が倍増するちょっとしたコツ

大胸筋をしっかり伸ばして鍛えるためには、**左右の肩甲骨をくっつけるように固定するといいでしょう。**

これにより、肩の位置が安定し、障害を防ぐとともに大胸筋にいっそう負荷がかかってエクササイズの効果が倍増します。

大胸筋を鍛える代表的なエクササイズは、「腕立て伏せ（プッシュアップ）」です。なじみの深いものの、腹筋運動同様、きちんと正しいやり方が身についている人は意外と少ないものです。

腕立て伏せで鍛えたいのは大胸筋ですから、腕でなく胸にしっかり負荷がかからなければ効果はありません。

正しいフォームで腕立て伏せを行なうポイントは、大胸筋の状態を意識しながら行なうことです。つまり、ひじをしっかり曲げたときに大胸筋が伸び、腕が体に近づくほど大胸筋が縮みます。

左右の肩甲骨をくっつけて胸を開くよう意識して、ひじを曲げながら息を吸い、腕を伸ばしながら息を吐くという呼吸法で行ないましょう。

腕の筋力が弱い人は両ひざをついて行なってもかまいません。

バストを支える土台となる大胸筋を、しっかり鍛えることで、ツンと上向きのバストがキープできるでしょう。

バストアップに効く筋肉

横から

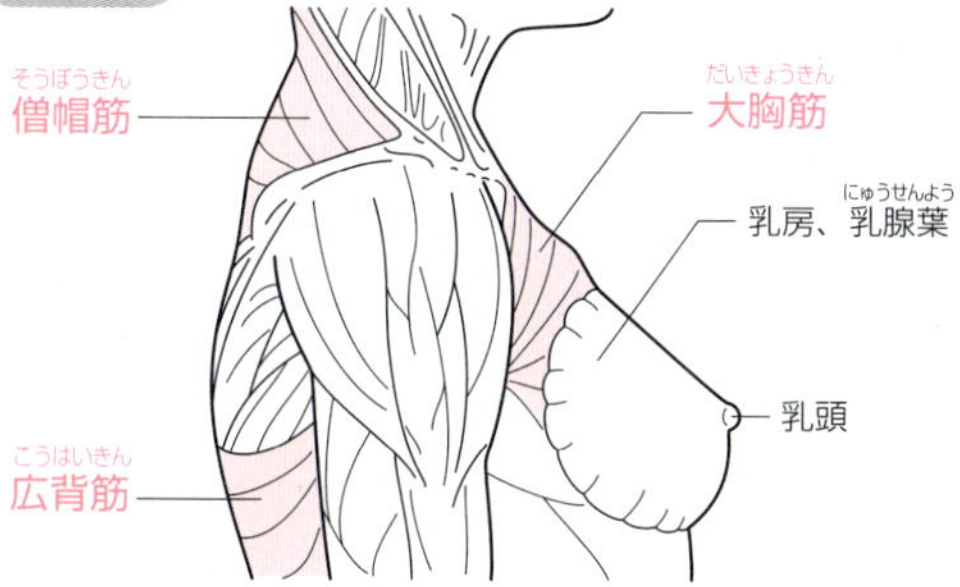

正面

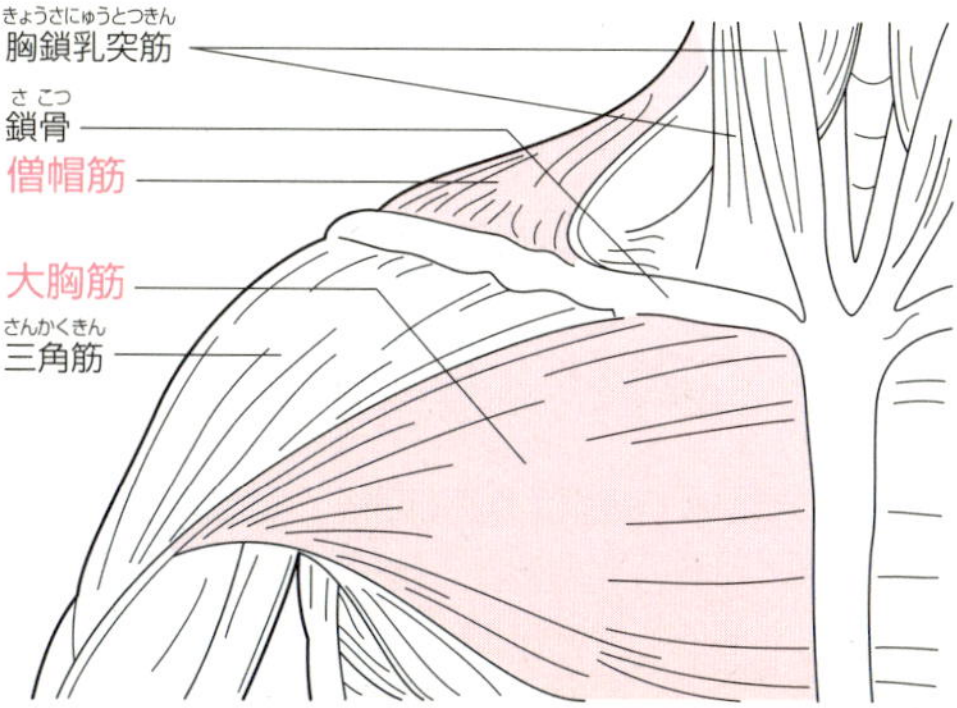

集中シェイプ

バストアップエクササイズ①

10回

胸の大きな筋肉「大胸筋」を鍛える

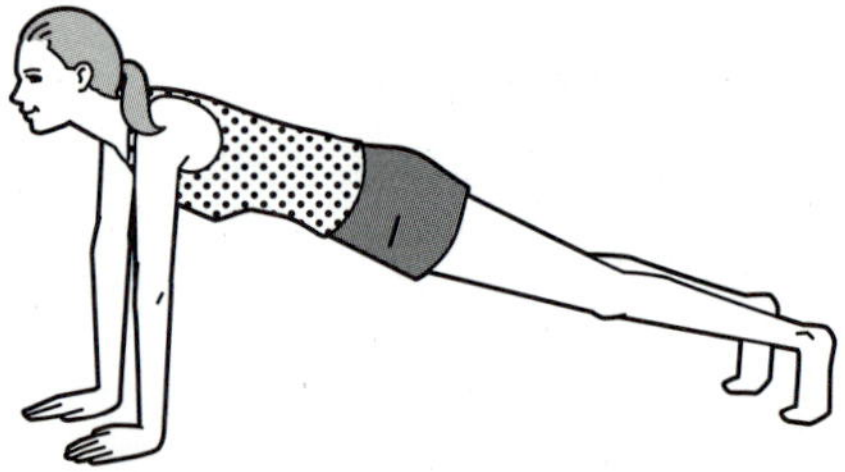

1

床にうつぶせになり、肩幅の広さで両手をつき、ひじを伸ばす。

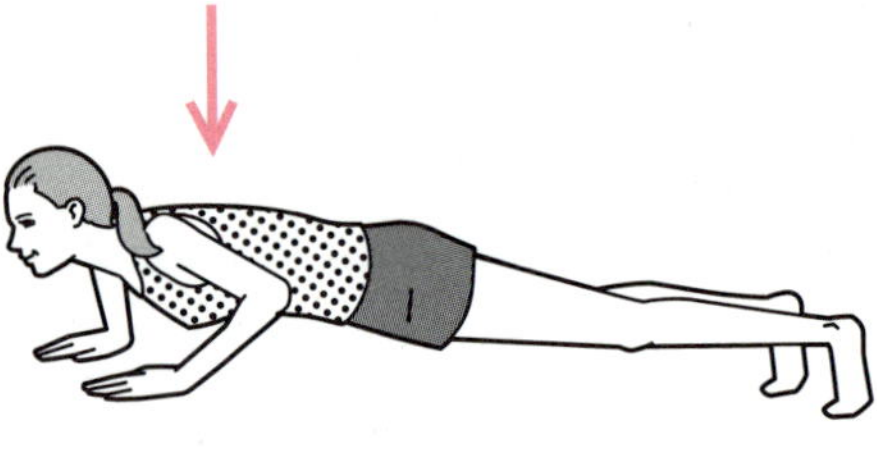

2

この状態からゆっくりと両ひじを曲げていき、胸を床に近づける。その後、両ひじが完全に伸びるまでゆっくりと元の位置に戻る。

❇ これを10回くり返す。

集中シェイプ

バストアップエクササイズ②

10回

胸の大きな筋肉「大胸筋」を鍛える

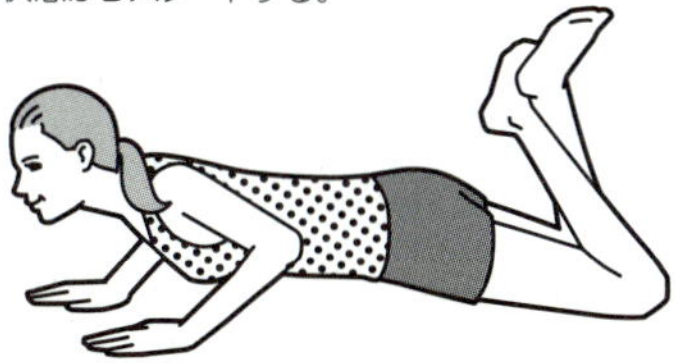
Point
両ひじを曲げた
状態からスタートする。

1

床に四つんばいになり、肩幅の広さで両手をつき、足首を組んで両ひざを曲げる。

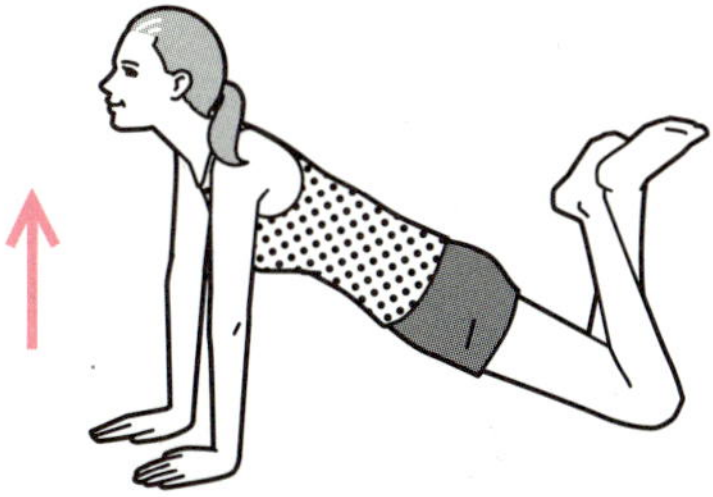

2

ゆっくりと両ひじを伸ばしていく。その後ゆっくりと両ひじを曲げて元の位置に戻る。

✻これを10回くり返す。

背中も鍛えてバストラインを引き立てる

大胸筋を鍛えるエクササイズとともに、**背中の筋肉を鍛えるエクササイズで姿勢がよくなり、猫背が解消すると、バストアップ効果がさらに高まります。**

ぜい肉のないスッキリした背中のためには、広背筋《こうはいきん》、僧帽筋《そうぼうきん》（中央部）、脊柱起《せきちゅうき》立《りつ》筋《きん》を鍛えます。

背中はふだんあまり使われない筋肉ですから、自然な負荷をかけることが難しく、器具を使わずにトレーニングする方法はかなり限られてきます。

ここでは、背中の筋肉をしっかり伸ばしてじゅうぶん縮めるエクササイズを紹介します。背中に負荷がかかっていることを意識しながら、じっくりと確実に行なうことで最大限の効果が得られます。最後に大胸筋と背中の筋肉を、それぞれをじゅうぶん伸ばすストレッチで仕上げましょう。

集中シェイプ

バストアップエクササイズ③

20回

背中を鍛える

Point
両手、両足とも
軽く開いておく。

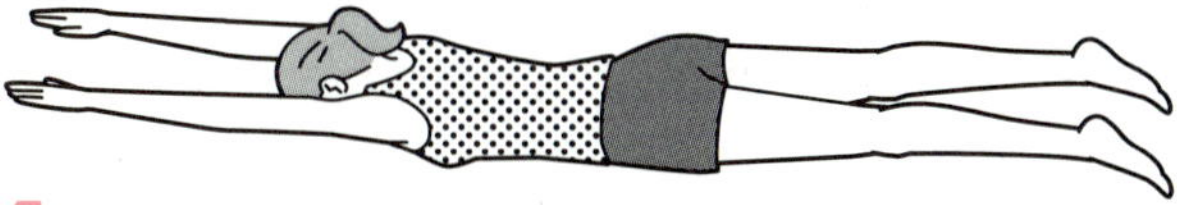

1

床にうつぶせになり、両手はまっすぐ頭の上に伸ばす。

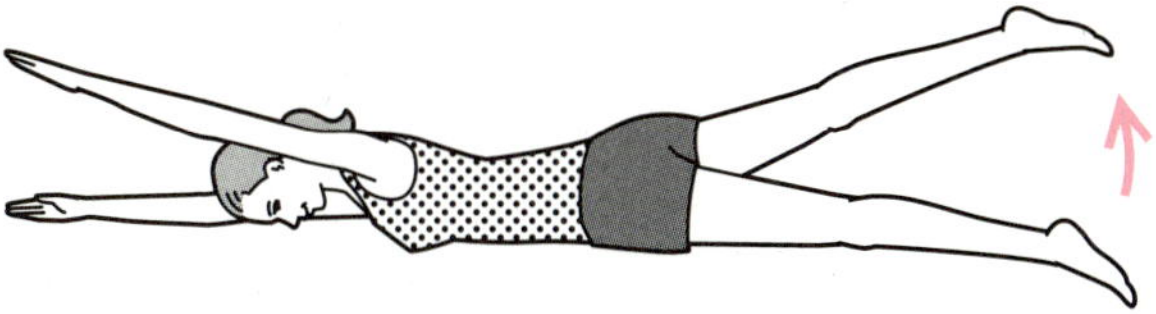

2

この状態から片腕と、腕とは反対側の片足を床から浮かせる。

＊左右交互に20回くり返す。

集中シェイプ

バストアップエクササイズ④

10回

背中を鍛える

1

頭の後ろで両手を組み、
足を軽く開いて立つ。

↓

2

この状態から背すじを
まっすぐにし、ゆっくりと
胸を前傾させていく。

✻ おじぎをするような要領で、10 回くり返す。

集中シェイプ

バストアップストレッチ①

5回

タオルを使って大胸筋と背中の筋肉を気持ちよく伸ばす

1

タオルの両端を持って手を頭上に上げる。

両ひじを伸ばし、タオルがピンと張った状態のまま、できるだけ頭の後ろに持っていく。このまま10秒間静止する。

2

逆手の状態にして、両手でタオルの両端を握り、タオルをねじるようにして手首を交差させる。胸を張り、体の外側に向けてタオルの両端を引っ張る。そのまま10秒間静止する。

＊これを5回くり返す。

集中シェイプ

バストアップストレッチ②

5回

姿勢をよくするストレッチ

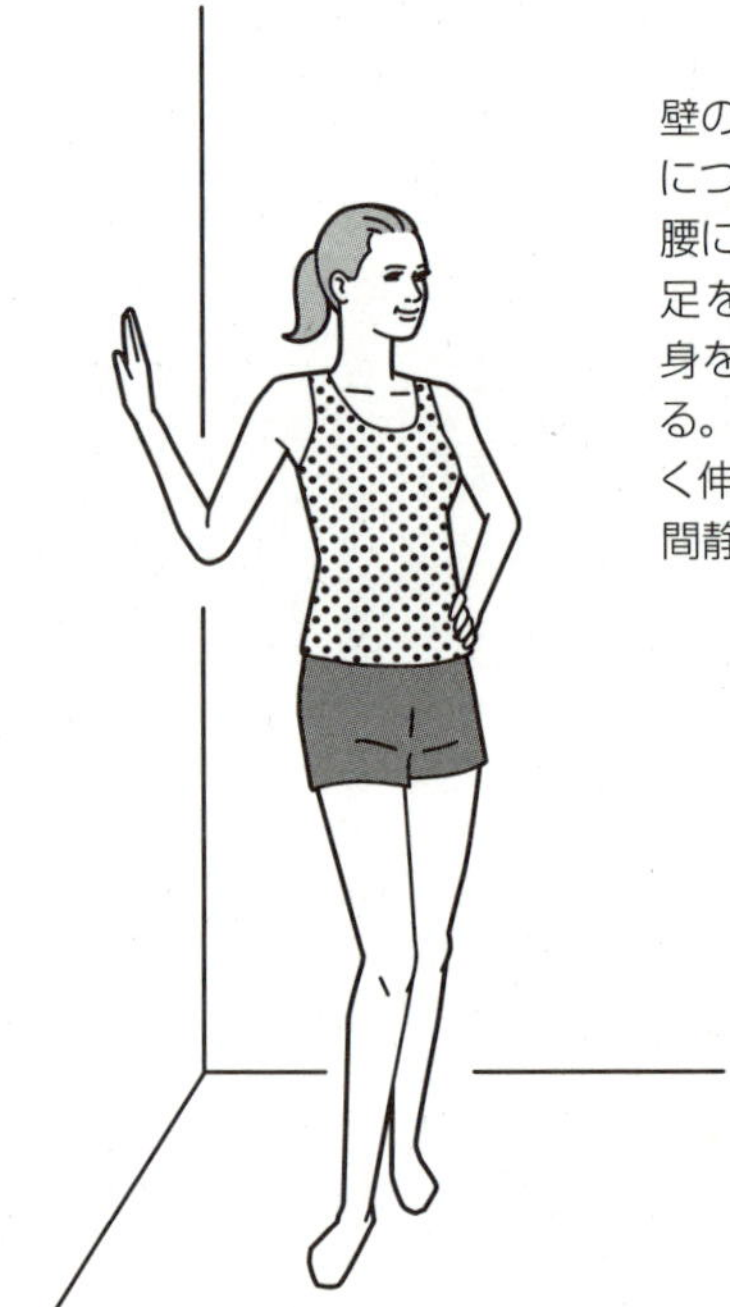

壁の横に立ち、片手を壁につき、もう一方の手は腰に当てる。
足を前後に開いて上半身を壁と反対方向にねじる。胸の筋肉が気持ちよく伸びたところで10秒間静止する。

✻ これを左右入れ替えてそれぞれ5回くり返す

すらりと足やせ！「美脚エクササイズ」
——太ももの裏側の筋肉を鍛えてむくみも解消！

美しいレッグラインのためには、大腰筋エクササイズで骨盤を整えるとともに、ハムストリングスといわれる太ももの裏側の大腿二頭筋を効果的に鍛える必要があります。これにより、スッキリ引き締まった脚長美脚が実現するのです。

さらに、ふくらはぎを構成する主な筋肉である腓腹筋《ひふくきん》とひらめ筋を鍛えます。腓腹筋はふくらみを形成し、ひらめ筋は深部でそれを支えていますが、これらの筋力が低下すると、重力の影響で血しょう（血液の構成成分のひとつ）やリンパ液などが細胞と細胞の間にたまり、むくみを生じたり、血行不良から代謝が下がって太くなったりするのです。また、足首のくびれがあいまいになってだらしない印象をもたらします。

形よく引き締まった美脚になるエクササイズ&ストレッチを行ないましょう。

美脚に効く筋肉

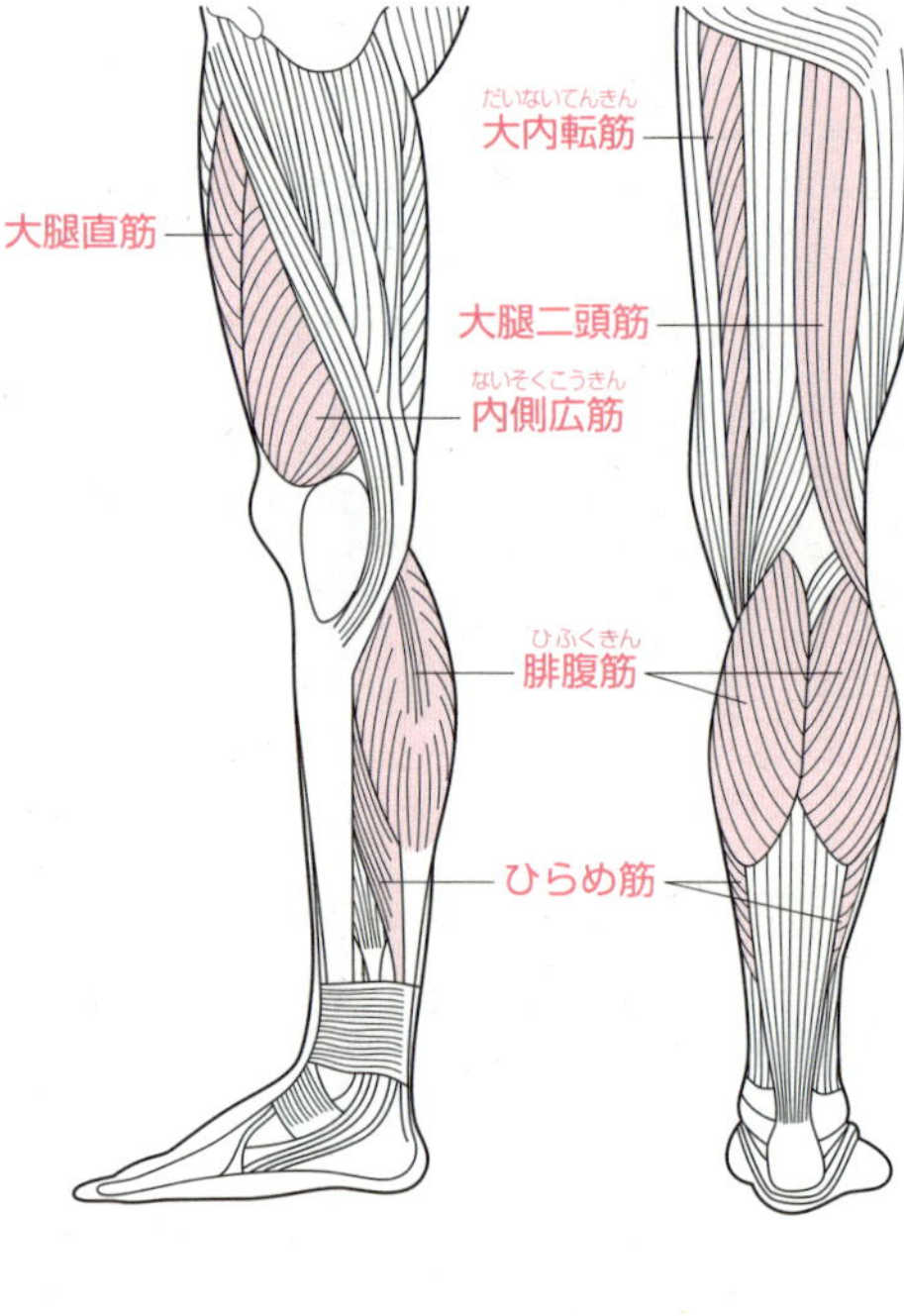

大内転筋《だいないてんきん》
大腿直筋
大腿二頭筋
内側広筋《ないそくこうきん》
腓腹筋《ひふくきん》
ひらめ筋

集中シェイプ

美脚エクササイズ①

10回

太ももを引き締める

1

足を肩幅ぐらいに開き、
両手を腰に当ててまっすぐ立つ。

Point
動かさないほうの
つま先は正面を
向けておく。

2

つま先を外側に向け、片足を大きく横に踏み出し、すばやく元に戻す。

＊左右交互に10回くり返す。

集中シェイプ

美脚エクササイズ②

10回

ふくらはぎと足首を引き締める

両手を腰に当て、まっすぐに立ち、つま先立ちになる。
そのまま 10 秒間静止して元に戻る。

＊これを 10 回くり返す。

集中シェイプ

美脚エクササイズ③

5回

太もも〜ふくらはぎを引き締める

片足で立ち、もう一方の足を伸ばしたまま後ろに上げていく。お尻から太もも、ふくらはぎに力を入れて10秒間静止する。

＊足を替えて左右交互に5回くり返す。

集中シェイプ

美脚ストレッチ

10回

脚全体を引き締める

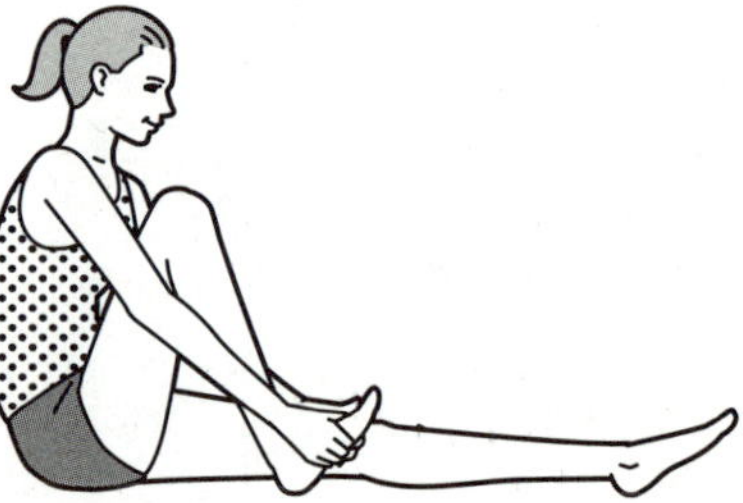

1

床に両足を伸ばして座り、片足のひざを曲げて足の裏を両手でつかむ。ひざが胸につくように引き寄せる。

2

そのまま足をななめ上に向けてゆっくりのばし、10～20 秒間静止したら元に戻す。

＊ 足を替えて左右交互に 10 回くり返す。

Part 4

〈ヒーリングストレッチ編〉

疲れやこりをリフレッシュ!

血行をよくして疲れやこりを心地よくいやす
——大腰筋の衰えがこりや痛みとなって現われる

大腰筋エクササイズは、ダイエットや美容以外にも、さまざまな健康効果が得られます。デスクワークや運動不足による**こりや痛み、疲労を回復する効果**も期待できるのです。

直立歩行する私たちは、疲れやこりなどのストレスが、知らず知らずのうちに体の〝裏側〟にたまりがちです。

こうした痛みの中で、最もやっかいなのは、**腰痛**でしょう。

腰痛にはさまざまな要因がありますが、生来大腰筋が太い黒人では、腰痛の発生率が低いというデータがあります。このことからも、大腰筋を鍛えることによって腰椎（背骨の腰の部分）の適切なS字形を保つことが、腰痛を予防するうえでも重要なことがわかります。

大腰筋の機能低下によって腰痛が生じる場合、下半身の血行も悪くなっていますので、**冷え症や足のむくみ**といった症状も出てきます。

慢性的な腰痛を抱えている人に冷え症やむくみを訴える人が多いのは、このためです。

ですから、大腰筋を鍛えて神経の働きや血管の正常な働きを取り戻せば、腰痛を含め、これらの症状も改善するといえます。

肩こりや首の痛みなども、そもそもの原因が姿勢の悪さによることが多く、大腰筋が衰えて骨盤がゆがみ、上半身全体でそのゆがみを補正しようとして、姿勢が悪化することが原因です。

この場合、**骨盤から離れた部位ほど大きなゆがみとなって現われる**といえます。

これは積み木で考えるとわかりやすいでしょう。

たとえば、いちばん下の基礎となる積み木を骨盤として、これを10度の斜面上に置き、その上にどんどん積み木を重ねていくと、やがて倒れてしまいます。

そしていちばん上に置く積み木、つまり肩や首でバランスを保とうとすると、逆の方向に10度傾けるだけでは補いきれず、もっと大きな角度をつけなければバランスがとれなくなります。

人体もこれと同じメカニズムでバランスを保とうとしますので、骨盤のゆがみが肩や首に大きな負担を持続的にかけることになります。

したがって、大腰筋を鍛えて骨盤の位置を正常に保てば、肩や首の痛みも徐々にやわらいでくるでしょう。


大腰筋エクササイズで、まず姿勢を正しくしたうえで、疲れやこり、痛みなどを感じる部分のストレッチを組み合わせるのです。

これにより、血行が促進され、筋肉にたまった疲労物質が排出されて、こりや疲れが効果的に解消されます。

ヒーリングストレッチ

肩こりを解消する①

5回

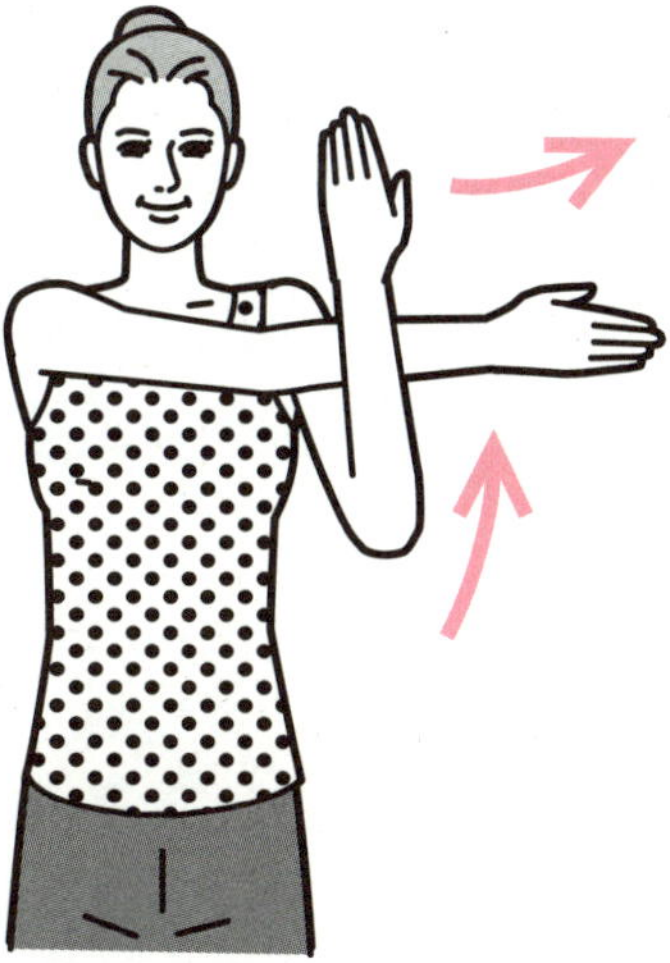

左のひじを曲げ、右腕を左肩に引きつけるようにしながら右肩を伸ばす。
10〜20 秒間静止したら腕を替えて同様に行なう。

＊左右交互に5回くり返す。

ヒーリングストレッチ

肩こりを解消する②

5回

1

タオルの両端を両手でつかみ、そのまま頭の上を通って背中側にタオルを持っていく。

2

背すじを伸ばしてそのままタオルをゆっくり上下させる。

❋ 5回くり返す。

ヒーリングストレッチ

肩こり・首の痛みを解消する

5回

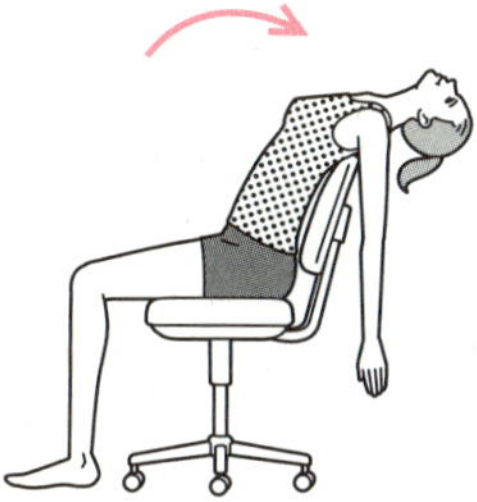

1

両腕をイスの背もたれの両わきにかけ、自然に伸ばして胸を大きくそらす。

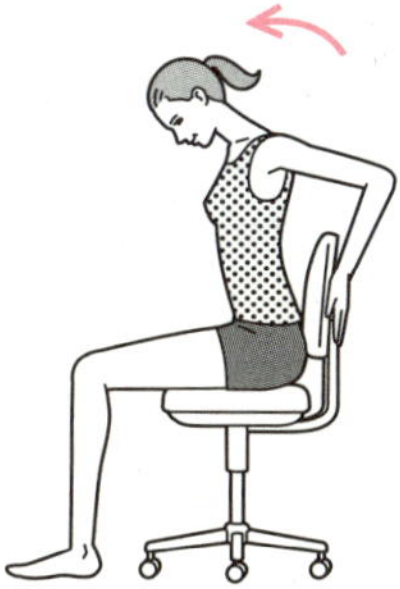

2

次に、イスの背をつかみながら首を前へ倒し、胸を張る。この状態で5秒間静止する。

3

一気に脱力して上半身を前へ倒す。

＊1～3を5回くり返す。

ヒーリングストレッチ

全身の疲労を解消する①

3回

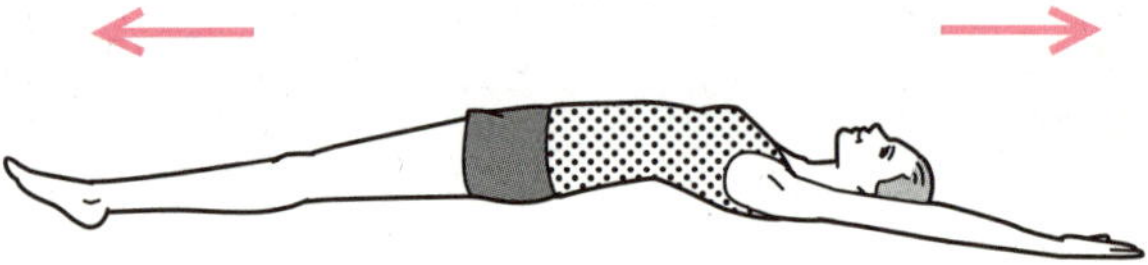

床にあお向けになり、両手を頭の上に上げ、上下に全身をグーッと伸ばしたあと、一気に脱力する。
これを3回くり返す。

✻ 朝起きたとき、寝床の中で行なうと全身が気持ちよく目覚める。

ヒーリングストレッチ

全身の疲労を解消する②

全身の疲労を解消する

壁に両手をつき、上半身を前に倒して背中をしっかり伸ばす。下半身は床に押しつけるように気持ちよく感じる程度にストレッチする。

❇ 体の背面の疲れがとれてスッキリする。

ヒーリングストレッチ

全身の疲労を解消する③

10回

両手を頭の上で組み、両足を肩幅ぐらいに開いて立つ。
そのまま左足に重心をかけながら、右足のつま先を外に向ける。
おなかを引っ込めたままグーッと全身を伸ばし、息を吐きながら体を右側にしっかり倒す。そのまましばらく静止し、一気に脱力する。

✲ 足を替えて同様に行い、左右交互に 10 回くり返す。

ヒーリングストレッチ

全身の疲労を解消する④

10回

床にあお向けになり、両ひざを立て、そのまま腰から下を左にゆっくり倒す。
腰の周りの筋肉が伸びているのを感じながら左右交互に10回くり返す。

＊腰痛がある人は痛いほうを無理にストレッチしないこと。

Part 5

〈Q&A〉

なぜキレイになるの？
どうして一生太らないの？

Q 筋トレをやると〝ムキムキ〟になってしまいませんか？

大腰筋エクササイズは、大腰筋を効率的に鍛える「筋トレ」の一種です。

「筋トレ」と聞くと、必要以上に筋肉隆々になったり、競輪選手のような脚になったりするのではないかと、心配する人もよくみられます。

この場合、まったくその心配にはおよびません。

ダイエットや美容目的で行なう筋トレでは、アスリートのような高い強度の負荷はかかりませんから、筋肉が必要以上に発達してしまうことはないのです。

筋肉には、「一定の負荷をかけ続けて筋肉が増強されていくと、次第に効果の現われ方が落ちてきて、負荷をさらに上げない限り、それ以上発達しない」という性質があります。

たとえば、エアロビクスでふくらはぎだけが発達したと訴える人の例。

それまで定期的に運動をしてこなかった人が急に運動をはじめると、最初のうちは多少筋肉が目立って肥大する傾向はあるといえるでしょう。また、体脂肪がへったことで筋肉のメリハリが目立って発達したように見えることなどが考えられます。

しかし、一般の人の場合、負荷を上げなければそれ以上筋肉が発達することはありません。

このように、一般の人が筋力トレーニングを行なう場合には、それほど大きな負荷をかけなくてもじゅうぶん強化することができます。ましてや、ふだんほとんど運動をしていない人は、とくに筋肉が衰えていると考えられますから、最初のうちはごく軽い負荷から開始しても、筋肉はじゅうぶん反応してくれるのです。

むしろ、最初から高い負荷をかけるとそれまで使われていなかった筋肉を急に刺激することになり、オーバートレーニングや障害を招く原因となります。

一般のレベルでは、苦痛を感じるような強度の高いエクササイズよりも、**簡単にできて楽しく続けられるエクササイズのほうが適切**といえます。

Q 大腰筋エクササイズは、どんな人に特におすすめですか？

大腰筋エクササイズは、だれにでも簡単にできて、効果のあるトレーニングですが、あえていうなら、30歳以降の人にとってひじょうに重要なトレーニングです。

20歳前後の若い人の場合、成長ホルモン（体の各器官の成長や機能の維持に必要なホルモン）の分泌がさかんです。

成長ホルモンは、筋肉や骨の成長や維持にとって重要であるばかりでなく、脂肪を分解し、免疫機能（病気を防ぐ体のしくみ）を高め、全身の老化を防ぐ働きを持っています。

ところが、中年にさしかかるにしたがって成長ホルモンの分泌が低下しはじめると、筋肉量の減少と脂肪量の増大に拍車がかかります。

筋力トレーニングには成長ホルモンの分泌を促す効果がありますから、この時期に定期的な筋力トレーニングを習慣づけることにより、中年太りを防いで全身の若々しさを保つことができるのです。

実際、中高年になって筋力トレーニングをしている人は、実年齢よりも若々しい外観を保っている人が多いようです。

Q ダイエットに挑戦しては、リバウンド……どうすればいい？

太る原因として、最も根本的なものは、**「摂取カロリー」と「消費カロリー」のアンバランス**です。

食事制限だけでやせようとすると、余分な脂肪はあまり落ちないで、体に必要な筋肉や骨などが失われてますますやせにくくなり、リバウンドをくり返すことになるのです。これは、くわしく説明すると、次のようなしくみによります。

食事制限を行なうと、副腎からストレスホルモン（グルココルチコイド）が分泌されます。

このホルモンは、筋肉やほかの器官をつくっているたんぱく質をアミノ酸に分解し、エネルギー源とするように働きます。

その結果、食事制限だけでやせようとすると、たとえ体重は落ちても、その約半分が筋肉、半分が脂肪という比率になります。

筋肉量もへるので代謝が低下し、太りやすい体質になり、容易にリバウンドしてしまいます。

そして、最悪なことに、リバウンド後には、仮に元の体重に戻ったとしても、戻ったぶんのほとんどは脂肪ですから、体脂肪量は増加し、より「ブヨブヨ」の、締まりのない、質の悪い体になってしまうのです。

このように、ダイエットとリバウンドをくり返すことにより、体の状態がどんどん悪くなっていくことを「ヨーヨーダイエット」と呼びます。

年がら年じゅうダイエットをしている人は、たいてい食事制限で手っ取り早く体重だけを落とした人によくみられるのも納得がいくでしょう。

つまり、**筋肉をふやすことで結果的に体脂肪が落としやすくなる**のです。

Q 同じ量を食べているのに私だけ、太ってしまう……

よく、食べる量は同じなのに、すぐに太ってしまう人とそうでない人がいますが、この違いは**基礎代謝量**にあります。

基礎代謝量は、呼吸や体温の維持などに使われるエネルギーです。

たくさん食べるのにそれほど太らない人は、基礎代謝量が高く、したがってエネルギー消費の大きい（燃費の悪い）体質であると言い換えることができます。

代謝は次のようなしくみで行なわれます。

人間は恒温動物ですから、常に体温を維持する機能が働いており、基礎代謝のうちの半分以上を体温維持のための熱生産に消費しています。

そして、熱生産のための燃料として欠かすことのできない重要なものが、体脂肪なのです。

代謝機能は筋肉と強く関わっており、筋肉が鍛えられて活性化すれば、基礎代謝が高まり、筋肉が使われないで衰えれば、基礎代謝も低下します。

ですから、代謝機能を高めて脂肪燃焼をさかんにするためには、筋肉を効果的に鍛えればいいのです。

たとえば、軽いデスクワークの30歳の女性の平均的な1日の基礎代謝量は1100〜1200キロカロリーとされています。この**基礎代謝のうち、半分近くが筋肉による熱生産に使われる**ことがわかっています。

つまり、筋肉の量が多いほど基礎代謝量が上がり、たとえ運動をしていない安静時でも、より多くのエネルギーを消費するよう体質改善することができるのです。

Q 「太っている」「やせている」の基準は?

体脂肪がたまりすぎたかどうかを知る目安として最も簡単なものが、BMI(体格指数)という算出法です。

これは、体重(キロ)を身長(メートル)の2乗で割ったものをいい、日本肥満学会では18~25までが正常範囲で、25を超えると肥満とされています。

また、最も病気になりにくい数値が22という報告がありますから、22前後を目標に体重を設定するといいでしょう。

❋おなかの脂肪はくびれ美人の大敵です

気になるおなかの脂肪のつき方には、「皮下脂肪型肥満」と「内臓脂肪型肥満」の

2種類があります。

「皮下脂肪」は皮膚の内側にできる脂肪の層。「内臓脂肪」は腹腔の内部にたまる脂肪のことです。

皮下脂肪型の肥満は女性に多く、内臓脂肪型の肥満は男性に多いという統計データも出ています。

内臓脂肪は皮下脂肪にくらべて安定性が低く、急激にふえるうえ、細胞自体の活性が高いと考えられています。また、内臓脂肪がふえすぎると、糖尿病や動脈硬化などの生活習慣病を招くレジスチンやインターロイキンなどの物質をたくさん分泌することがわかってきています。

一般的に、「肥満は生活習慣病と間接的に関連している」とされていますが、実は、ストレートに結びついているのです。

もちろん、これらの物質も体にはなくてはならない重要なものですが、ふえすぎると害になるのです。

たとえば、インターロイキンは免疫反応で機能する物質です。これがなければ人体の免疫機能に障害を生じ、ちょっとした病気がいつまでたっても治らないということになってしまいます。

しかし、ふえすぎてしまうと、免疫が過剰反応を起こし、全身に炎症反応を起こします。インターロイキンは、血管の中を流れていますから、あたかも全身の血管が炎症を起こしているような状態になってしまい、動脈硬化を招いてしまうと考えられます。

このように、過剰な内臓脂肪があると、生活習慣病を招く直接のきっかけとなってしまいますから、注意が必要です。

なお、皮下脂肪型肥満か内臓脂肪型肥満かを見分けるには、厳密にはＣＴ（コンピューター断層撮影）で調べなければわかりませんが、おへそ周りのサイズが異常に大きく、張ったような感じで太っている人は、内蔵脂肪型肥満である疑いが強くなります。

このような場合にも、おなかやせ効果の高い大腰筋エクササイズが効果的です。

肥満の判定基準と基礎代謝量

体脂肪率による判定

性別	適正範囲		肥満
	30歳未満	30歳以上	
男性	14〜20%	17〜23%	25%以上
女性	17〜24%	20〜27%	30%以上

BMIによる判定

	BMI=体重(kg)÷身長(m)^2 標準体重=身長(m)^2×22
痩せ	〜18.5
標準	18.5〜25
肥満	25〜

基礎代謝量

年齢(歳)	[男]基礎代謝		[女]基礎代謝	
	標準値 (kcal/kg/日)	基礎代謝量 (kcal/日)	標準値 (kcal/kg/日)	基礎代謝量 (kcal/日)
1〜2	61.0	710	59.7	660
3〜5	54.8	890	52.2	850
6〜7	44.3	980	41.9	920
8〜9	40.8	1,120	38.3	1,040
10〜11	37.4	1,330	34.8	1,200
12〜14	31.0	1,490	29.6	1,360
15〜17	27.0	1,580	25.3	1,280
18〜29	24.0	1,510	22.1	1,120
30〜49	22.3	1,530	21.7	1,150
50〜69	21.5	1,400	20.7	1,110
70以上	21.5	1,280	20.7	1,010

厚生労働省「日本人の食事摂取基準」より

Q 30代になってから、やせにくくなった……なぜ？

中年太りがはじまる35歳ぐらいから体型がくずれてくるのは、とくに女性の場合、**ホルモンバランス**のくずれと無縁ではありません。

女性の30代というのは、卵胞ホルモンが急激に減少する更年期の前段階に相当します。この時期には、体が潜在的に更年期が近づいていることを察知し、減少傾向にある卵胞ホルモンの原料となる脂肪を体内にためようとします。

その結果、皮下脂肪がふえ、子宮や卵巣から下腹部に貯蔵されて子宮や卵巣を守るための栄養源になったり、ホルモンの合成を維持したりする働きをします。

女性が太るとき、お尻や腰周り、下腹部に真っ先に脂肪がつきやすいのは、こうしたことによるものです。

さらに、30代は環境も大きく変化する年代です。

仕事で重責を担うようになり、プライベートでの悩みもふえ、結婚や出産など人生の節目となる大きなイベントも、多くは30代に集中します。さらに、子育てや家庭の問題など積み重なったストレスが肥満を招くのです。

極度のストレスを感じると、脳内のセロトニン（神経伝達物質）の分泌量が低下します。セロトニンは満腹中枢をコントロールする神経伝達物質ですから、その分泌量が低下すると、食欲がコントロールできなくなって異常をきたし、どんなに食べても満腹感を感じられなくなってしまいます。

このように、**①筋肉の衰え**、**②ホルモンバランスのくずれ**、**③ストレス**の、3つの要因が重なって、30代になると急に下半身に脂肪がつきやすくなってしまうのです。

さらに、体型がくずれるターニングポイントは、女性の場合、40歳までに大きく3回訪れるといわれています。つまり、**「16〜18歳の成長期」**、**「24〜26歳の青年期」**、**「37〜39歳の中年期」**は、とくに太りやすく、この時期に急激に太ってしまって歯止めが利かなくなることもよくあります。

大腰筋エクササイズを行なって、太りやすい時期を上手に乗り越えましょう。

Q 食事の量は減らさなくていいの？

大腰筋エクササイズを行なうにあたり、とくに**食事制限は必要ありません。**むしろ、栄養バランスが乱れるとかえって脂肪がつきやすくなりますし、体調をくずす原因となってしまいます。

好きなものやおいしいものを適正量を守りながら食べ、満足感が得られていれば精神的な安定感も得られますから、消費カロリーにくらべて摂取カロリーがはるかにオーバーしている人を除けば、基本的に食事制限は必要ありません。

ただし、脂肪は小腸に働きかけて体を太らせるホルモンを分泌させますから、脂質のとりすぎには注意しましょう。

大腰筋エクササイズを行なうときの食事のポイントは、**①良質なたんぱく質を毎日**

適量欠かさず摂取することと、**②1日の摂取カロリーを決めること**の2つです。

毎日適量のたんぱく質をとることで良質な筋肉をつくることができます。

1日に摂取するたんぱく質の量は、体重50～60キロの女性の場合80～90グラムを目安とするといいでしょう。

リバウンドしないで健康的にダイエットできる1日の摂取カロリーは、次のように算出します。

1日の摂取カロリー＝目標体重（キロ）×40（キロカロリー）

ちなみに、筋トレを行なうときは、水分をじゅうぶんにとることを忘れないでください。

ミネラルウォーターやウーロン茶など、**カロリーのない水分をよく冷やして（10度以下）、こまめに摂取するようにしましょう。**

体が吸収する水分量は、1回あたりコップ1杯程度ですから、適宜水分を補給してください。運動中は冷やした水分のほうが体にスムーズに吸収されます。

Q 良質な筋肉をつくるオススメ食品は？

体の中のエネルギー源には「糖質（グリコーゲンやグルコース）」「脂質」「たんぱく質」の3種類があります。

通常、主要なエネルギー源は糖質と脂質ですが、激しい運動をしているときやダイエットでカロリー制限をしているときなどには、たんぱく質もエネルギー源として使われます。

たんぱく質は、主にグルココルチコイドというホルモンの働きによってエネルギーを生み出します。

一方、筋肉のたんぱく質の主要な成分となっている数種のアミノ酸（分岐鎖アミノ酸）をあらかじめ摂取しておくと、運動中やカロリー制限中の筋肉の分解を抑えることができます。

したがって、こうした**アミノ酸を運動前などに摂取**することで、筋肉を効果的にふやして脂肪を落としやすくすることができると考えられています。

良質な筋肉をつくるためには、イカやタコ、貝類、マグロなどのほか、納豆や豆腐、鶏のささみやモモ（皮は取り除く）などを中心に、バランスよく３回に分けて摂取すると効果的です。

ふだんの食事で良質なたんぱく質を適量とり、必要に応じて運動前（20～30分前）にアミノ酸のサプリメントなどをとるといいでしょう。

Q 「アミノ酸」の効果的な取り方を教えてください！

アミノ酸は、筋肉などの組織をつくるたんぱく質の材料ですが、一方、微量でホルモンの分泌や代謝を調節する役割も持っています。

私たちの体をつくるたんぱく質は、約20種類のアミノ酸で構成されており、そのうち10種類が必須アミノ酸といわれ、体内で合成できないアミノ酸です。したがって、栄養として摂取しなければ不足してしまいます。

必須アミノ酸は、**すべてトータルで摂取することによってはじめて体内で有効に利用されます**から、たった1種類でも不足しては正常に作用することはありません。

基本的には、食品からバランスよくアミノ酸を摂取するよう心がけ、さらにアミノ酸のドリンクやサプリメントで補います。

美肌効果が高まり、若返るアミノ酸のサプリメントの利用法としておすすめなのが、**寝る前にアミノ酸サプリメントを摂取してから大腰筋エクササイズを行なうこと**です。

人の成長ホルモンは、20歳のときに最もさかんに分泌され、それを過ぎると寝ているときにだけ分泌されます。

成長ホルモンは体脂肪を分解するとともに、筋肉や骨、髪の毛、皮膚などの発達を促しますから、やせやすい体質になるばかりか、美肌効果も高まります。

さらに、免疫力を高めて新しい細胞が活性化されますから、全身の若返り効果も期待できるというわけです。

とくに、アルギニンやオルチニンなどのアミノ酸は、脳に作用して成長ホルモンの分泌を活性化し、脂肪の分解を促進します。

アミノ酸ダイエットと大腰筋エクササイズを組み合わせると、美容と健康に役立ちます。

Q オススメのサプリメントは？

筋力トレーニングの効果を倍増させるとしてよく知られているのが、**「プロテインサプリメント」**です。

プロテインサプリメントは、牛乳やダイズを原料とし、脂肪分をカットしたピュアなたんぱく質ですから、低カロリーで効果的にたんぱく質が補給できます。

プロテインサプリメント1回あたり20グラム（大さじ山盛り1杯）で約80キロカロリー程度ですから、過剰に体重オーバーしていて早急に減量の必要がある人や、カロリー制限が必要な人が積極的に利用することで、効率よくシェイプアップすることができます。

外食が多く、ふだんじゅうぶんなたんぱく質がとれない人にも有効です。

私がおすすめしているのは、朝食をプロテインサプリメントに替える方法です。

朝は、プロテインサプリメント20グラムを牛乳に溶かしたものと少量のフルーツだけですませます。

そして、昼食や夕食では前述した良質なたんぱく質（136ページ参照）をバランスよく摂取するのです。

たんぱく質をプロテインだけで補おうとすると、アミノ酸バランスがくずれてしまいますから、あくまでも補助的に利用することが大切です。

これにより、効果的に筋肉をつけ、体脂肪率を下げることができます。

〈付録〉

大腰筋“衰え度”セルフチェック!

「大腰筋の"衰え度"セルフチェック」

✻ あなたはいくつあてはまりますか？✻

- □ 下腹部がポッコリ出てきた
- □ 姿勢が悪いとよくいわれる。猫背である
- □ お尻が薄く、平べったい。垂れてきた
- □ ふだんほとんど運動しない
- □ 歩いているときによくつまずく
- □ 歩くことがおっくうなので、よく乗り物を利用する
- □ 以前にくらべて歩く速度が遅くなった
- □ 腰痛がある
- □ 冷え症である
- □ 正座をするのが苦痛
- □ 階段を上がるのが苦痛
- □ イスに深く腰掛けるのが苦痛

「大腰筋の“衰え度”セルフチェック」判定

チェックリストの12項目のうち、
いくつあてはまりましたか？

5個以上 >>>

赤信号!　かなり大腰筋が衰えています。

とくに「歩いているときによくつまずく」「歩くのがおっくうなので、よく乗り物を利用する」という人は危険度大です。

1～4個まで >>>

黄色信号!　現段階では許容範囲内です。

とくに問題ないレベルですが、このまま放置すると次第に大腰筋が衰えてくるおそれがあります。現状維持するためには大腰筋エクササイズが必要です。

あてはまる項目がまったくない >>>

理想的!　大腰筋の状態は良好です。

ふだんからよく大腰筋を鍛えており、少しぐらい体重オーバーしてもすぐに元に戻ります。この状態をキープしてさらに美しいボディラインになるため、大腰筋エクササイズを続けましょう。

下腹部がポッコリ出てきた

大腰筋が衰え、骨盤が正常な前傾を保てなくなると、内臓を支えている腹筋の緊張がゆるみ、内臓が下垂してきます。そのうえ、筋肉の代謝も悪くなって脂肪がたまり、下腹部が出っ張ってくるのです。

姿勢が悪いとよくいわれる。猫背である

ふだんから姿勢が悪く、猫背の人は、正しい姿勢の人にくらべて明らかに大腰筋が細く、衰えていることがＣＴ（コンピューター断層撮影）で確認されています。脊柱がゆがむと胸の部分が前傾して大腰筋の衰えがいっそうひどくなります。

お尻が薄く、平べったい。垂れてきた

大腰筋が衰えると大臀筋も衰え、お尻がだらんと締まりなくたるみ、丸みのない扁平形になっていきます。

お尻の筋肉の向きは骨盤の角度によって決まるといわれており、骨盤が正しく保たれていれば、お尻の筋肉は横に張り出し、きれいな丸いヒップラインを描きます。しかし、大腰筋が萎縮して骨盤が後ろに傾くと、これに伴ってお尻の筋肉もだらんと下がってきてしまいます。こうしてハリのないたるんだヒップラインになってしまうのです。

ふだんほとんど運動しない

大腰筋は意識して鍛えなければ簡単に衰えてしまう筋肉ですから、運動不足が続く

と知らず知らずのうちに衰えてしまいます。

歩いているときによくつまずく

歩いているときに、段差や障害物を認知しているのにつまずくのは、自分のイメージ通りに足が上がっていないためです。

大腰筋が衰えていると「足を上げているつもりなのに、実際は上がっていない」という状態になり、たとえつまずくことはなくても足を引きずるような歩き方をする人も大腰筋の働きが低下していると考えられます。

歩くのが遅くなった

歩くスピードが遅くなるのも大腰筋が衰えている可能性が高いといえます。足が思うように上がらないと歩幅が狭くなり、歩くスピードも落ちてきます。ふだんから意識して大またで歩くように心がけることにより、大腰筋を適度に刺激することにつながります。

腰痛がある

大腰筋の衰えで姿勢が悪くなると、疲れたときなどに疲労性の腰痛が生じることがあります。

冷え症である

大腰筋が衰えて脊柱がゆがむと、交感神経の働きも弱くなって基礎代謝（生命維持のために消費されるエネルギー）が下がり、血行も悪くなり、季節にかかわらず冷え症で悩むことになります。

正座をするのが苦痛

正座をするためにはよい姿勢を保たなければ、その状態をキープすることはできません。

正座を長時間していて足がしびれるのは、大腰筋の衰えとはあまり関係ありませんが、ほんの数分間の正座でも腰が痛くなったり、ひざに負担を感じたりして足をくずさずにいられなくなるのは、大腰筋が衰えてきちんとした姿勢が保てなくなっているためです。正座をしているときに猫背ぎみになってしまうのも、大腰筋の衰えを示しています。

階段を上がるのが苦痛

階段は太ももを上げなければ上れませんが、大腰筋が衰えていると思うように太ももが上がりません。そのため、階段を上るのがおっくうになり、ついついエスカレーターやエレベーターを使うようになります。

イスに深く腰掛けるのが苦痛

大腰筋が衰えると、骨盤が後ろに傾き、寝た状態になるため、イスに深く腰掛ける体勢がとりにくくなります。ふだんからイスに浅く腰掛けて、背もたれにすがったりするクセがある人は、大腰筋がかなり衰えているかもしれません。

チェックリストで問題があった人は、常日ごろからよい姿勢を保つよう心がけるとともに、大腰筋を鍛えるエクササイズをすぐにはじめてください。

積極的にエクササイズに取り組むことにより、おなかの中に隠れている筋肉を鍛えて、内側からシェイプアップすることができるのです。

現在のところ、とくに大腰筋が衰えていない人も、そのままあまり運動しない生活を続けていると、次第に衰えてきますから、ふだんから階段を使って意識的に歩くようにしましょう。

また、正しい姿勢を意識するとともに、大腰筋をさらに鍛えるため、大腰筋エクササイズを行なうと、いっそうメリハリのあるシャープなスタイルになります。

定期的にこれらの項目をチェックして、あてはまる項目が少なくなれば、大腰筋が鍛えられているかどうかの目安となります。

おわりに

スタイルのよさは筋肉と骨で決まる

私たちの体のうち、約半分は筋肉と骨でできています。

もっと正確にいうと、30歳の男性では体重の約40％が、同じく女性では約35％が、筋肉の重さです。

骨の重さは男女ともに約7％ですから、体重のうちの約半分は筋肉と骨の重さとなるわけです。

これほど筋肉と骨が必要な理由は、地球上の重力と、150～180センチという私たちの体の大きさにあるのです。

私たちが地上で直立し、活動的に動き回るためには、必然的に体の半分を筋肉と骨にする必要があります。

もし、私たちが水中で生活する生き物であったならば、これほどの筋肉と骨は必要ないでしょう。

❋「男性らしい体つき」「女性らしい体つき」すべては筋肉と骨で決まる！

体の半分が筋肉と骨ですから、外観上の体型を主に決定するのも、筋肉と骨ということになります。

「ムダな脂肪さえ落とせば魅力的な体型になれる」と信じている人も多いかもしれませんが、土台となる筋肉と骨がしっかりしていなければ、脂肪だけ落としても根本的な改善にはなりません。

筋肉のつき方や骨の並び方は、遺伝の影響も受けますが、運動や食事などの生活習慣とも深く関わっています。

たとえ30歳で良好な体型をしていても、そのまま何もしないで年齢を重ねると、筋肉は10年で約10％ずつへっていき、ほぼ同じ割合で脂肪がふえていくのです。また、正常な骨の並び方を維持するための筋力も低下していきますから、脂肪がふえるとともに姿勢が悪化するという体型崩壊が進むことになります。

一方、筋肉は全身の健康にも直接関わっています。

まず、筋肉には熱を生産して体温を維持するという重要な役割があり、体全体の熱生産のうち60％以上を担っています。

また、血液中の糖をエネルギー源として消費する最大の消費者ともいえます。

したがって、筋肉が衰えたり、その活性が低下したりすると、熱生産がへって代謝が低下したり、糖の消費能力が低下して糖尿病になりやすくなったりすると考えられます。

「成長ホルモン」が分泌され、全身の細胞が活性化する！

さらに、最近の研究から、筋肉の運動がホルモンの調節センターである脳の視床下部を刺激し、さまざまなホルモンの分泌を促すこともわかってきました。

これらのホルモンの中には、成長ホルモンや性ホルモンのように老化を抑制したり、免疫力や疲労からの回復力を高めたりするものがあります。

したがって、筋肉の活動は若さと活力を保つうえでもひじょうに重要といえます。

筋肉の量をふやしたり、活性化したりするには、筋力トレーニングが最も効果的です。

筋力トレーニングというと、すぐに重たいバーベルやモリモリに発達した筋肉を連想しがちですが、それは誤ったイメージといえます。

アメリカ合衆国のトップレベルのスポーツ選手の場合、筋力トレーニングはケガを予防し、日常の体調を整え、疲労の回復を早めるといった、コンディショニングを主な目的として行なわれています。イチロー選手もこのような目的で、シーズン中も欠かさずトレーニングを続けています。

❋“逆効果”にならないために、注意したいことは……

筋力トレーニングのこうした恩恵を得るためには、いくつかの注意点があります。

まず、無理な負荷を使わないこと。基準はあくまでも現在の自分の筋量や筋力です。

次に、正しい姿勢で運動を行なうことです。

誤った姿勢で運動すると、関節の慢性障害を引き起こしたり、姿勢の悪さをかえって助長したりする結果を招きます。

この、2番目の要素に深く関わっているのが、大腰筋です。


本文で述べた通り、大腰筋は、骨盤から腰椎（腰の部分の背骨）の姿勢を正しく保持するために重要な筋肉です。

骨盤は体の中心にあり、上半身と下半身をつなぐ、まさに「要」といえます。

したがって、骨盤から腰椎にかけての姿勢が悪いまま、運動やトレーニングを行なうと、疲労の蓄積が起こったり、姿勢がさらに悪化したりする可能性があります。

このような状態では、やせようと思ってエアロビクスなどを行なっても、なかなか効果があがらないでしょう。

実証済み！　100%の効果！　次は、あなたの番です！

「大腰筋エクササイズ」は、無理せず大腰筋を鍛えることによって、あらゆる身体活動の基盤となる骨盤から腰椎にかけての姿勢をつくるエクササイズといえます。ところが、これを数十人の人に行なってもらったところ、姿勢がよくなるだけでなく、ウエストが細くなる、代謝があがる、体脂肪が低下するといったさまざまな効果が現われたのです。

当初、これほどまでの効果は予測もしていませんでしたが、驚くことに大腰筋エクササイズを行なった100%の人に効果がみられ、中にはたった1カ月でウエストのサイズが10センチ近くもへった例もありました。

このことは、裏を返すと、現代人のほとんどが正常な骨盤と腰椎の姿勢を維持できない状態にあることを示しているのかもしれません。

「大腰筋エクササイズ」は、限りなくスタイルをよくしてくれる魔法のエクササイズではありません。

あくまでも、骨盤から腰椎にかけての姿勢と、体内のさまざまな機能を本来の正常なレベルに戻すエクササイズととらえるべきでしょう。

ですから、大腰筋エクササイズの効果が現われた場合、それは本来の体の状態を取り戻したということになります。

その状態で、本書で紹介したそのほかのさまざまなエクササイズを行えば、必ず理想の体型へと近づくことができるでしょう。

石井直方

本書は、マキノ出版より刊行された『やせる！ くびれる！ 大腰筋エクササイズ』を、文庫収録にあたり加筆・改筆・改題のうえ、再編集したものです。

石井直方（いしい・なおかた）

一九五五年東京生まれ。東京大学大学院教授、理学博士。専門は運動生理学、トレーニング科学。

一九八一年ボディビルミスター日本優勝・世界選手権三位、八二年ミスターアジア優勝、二〇〇一年全日本社会人マスターズ優勝など、競技者としても輝かしい実績を誇る。

エクササイズと筋肉の関係をベースにした健康や老化防止についてのわかりやすい解説には定評があり、執筆やテレビ番組出演など幅広く活躍している。

著書にベストセラーになっている『スロトレ』『一生太らない体のつくり方』など多数がある。

知的生きかた文庫

35歳《さい》からの美女《びじょ》の筋《きん》トレ

著　者　石井《いしい》直方《なおかた》
発行者　押鐘太陽
発行所　株式会社三笠書房
郵便番号一〇二-〇〇七二
東京都千代田区飯田橋三-三-一
電話〇三-五二二六-五七三四〈営業部〉
　　〇三-五二二六-五七三一〈編集部〉
http://www.mikasashobo.co.jp
印刷　誠宏印刷
製本　若林製本工場

ISBN978-4-8379-7882-4 C0177
落丁・乱丁本は当社にてお取替えいたします。
定価・発行日はカバーに表示してあります。